ARSÈNE HOUSSAYE

DES

DESTINÉES DE L'AME

L'amour déploie nos ailes pour un
vol sublime, c'est la première station
vers Dieu.

MICHEL-ANGE.

PARIS
CALMANN LÉVY, ÉDITEUR
5, RUE AUBER, 5

1879

DESTINÉES DE L'AME

ARSÈNE HOUSSAYE

HISTOIRE DU DIX-HUITIEME SIÈCLE

1re série : — *La Régence.*   3e série : — *Louis XVI.*
2e série : — *Louis XV.*   4e série : — *La Révolution.*

Nouvelle édition en 4 vol. in-18 jésus.

HISTOIRE DE LÉONARD DE VINCI

2e édition. — 1 vol. in-8 cavalier. — Portrait.

HISTOIRE DU 41e FAUTEUIL DE L'ACADÉMIE

10e édition. — Portraits. — 1 vol. in-8 cavalier. — édition format anglais

LE ROI VOLTAIRE

SA COUR — SES FEMMES — SES MINISTRES — SON PEUPLE
SES CONQUÊTES — SON DIEU — SA DYNASTIE

7e édition. — Gravures. — 1 vol. in-18.

HISTOIRE DE L'ART FRANÇAIS AU DIX-HUITIÈME SIÈCLE

1 vol. in-8 cavalier.

Mlle DE LAVALLIÈRE

ÉTUDE HISTORIQUE SUR LA COUR DE LOUIS XIV
1 vol. in-8 cavalier. — 6e édition.

VOYAGE A MA FENÊTRE

8e édition. — 1 vol. in-8 cavalier. — Gravures de Johannot.

POÈMES ET LÉGENDES

1 vol. in-8 cavalier.

LES CENT ET UN SONNETS

1 vol. in-4. — Gravures et eaux-fortes.

LES DIEUX DE LA PEINTURE

AVEC THÉOPHILE GAUTIER ET PAUL DE SAINT-VICTOR
1 vol. grand in-8, gravures de Calamatta.

IMP. D. BARDIN, A SAINT-GERMAIN

ARSÈNE HOUSSAYE

DES.

DESTINÉES
DE L'AME

L'amour déploie nos ailes pour un
vol sublime, c'est la première station
vers Dieu.

MICHEL-ANGE.

PARIS

CALMANN LÉVY, ÉDITEUR

5, RUE AUBER, 5

1879

JE VOUS DÉDIE CE LIVRE,

A VOUS

QUI AVEZ ÉTÉ L'AME DE LA MAISON,

QUI M'APPELEZ DANS LA MAISON DE DIEU,

QUI ÊTES PARTIE AVANT MOI

POUR ME FAIRE AIMER LE CHEMIN DE LA MORT,

VOUS DONT LE SOUVENIR EST DOUX

COMME LE PARFUM DES RIVES REGRETTÉES,

VOUS QUI AVEZ MIS DES ENFANTS DANS LA MAISON,

VOUS QUI NE REVIENDREZ PAS

MAIS QUI AVEZ TOUJOURS VOTRE PLACE AU FOYER,

VOUS QUI AVEZ ÉTÉ

LA MUSE, LA FEMME ET LA MÈRE,

AVEC LES TROIS BEAUTÉS

LA GRACE, L'AMOUR ET LA VERTU;

A VOUS

QUE J'AI AIMÉE, QUE J'AIME ET QUE J'AIMERAI.

DES
DESTINÉES DE L'AME

I

LA RECHERCHE DE L'INCONNU.

I

L'esprit humain est comme le soleil, qui n'éclaire que la moitié du monde à la fois, — ou comme la mer, qui perd d'un côté ce qu'elle gagne de l'autre.

Voilà pourquoi l'homme, à force de tenter l'inconnu, perd pied sur le sable mouvant des hypothèses.

Qu'est-ce que l'âme? demandait-on à Marivaux. Il se recueillit et répondit : « Il faudra le demander à Fontenelle. » Mais se reprenant :

« Il a trop d'esprit pour en savoir plus que moi. »

Est-ce là le dernier mot sur l'âme ?

Il y a plus de vingt ans que j'ai écrit les premiers chapitres de ce livre. Un philosophe couronné m'a dit un jour : « C'est un livre qu'on commence toujours et qu'on ne finit jamais. » Je veux pourtant finir ce volume avant que la mort me dise le dernier mot.

Quand je me suis posé devant les yeux ce terrible point d'interrogation, je venais de perdre un enfant, et je sentais son âme en m'élevant à Dieu. Pourquoi Dieu frapperait-il par la mort, si la mort n'était pas une renaissance radieuse ? Pourquoi Dieu permettrait-il que l'enfant qui rit à la lumière descendît dans la nuit éternelle à son premier sourire ?

Tous ceux qui ont aimé le chemin de la mort ont senti l'âme immortelle, hormis ceux qui se sont obstinés à ne voir que la mort dans la mort.

Oportet hæreses esse : « Il faut qu'il y ait des hérésies, » a dit l'apôtre ; et les siècles amoncelés lui ont toujours donné raison. Les avocats de la foi ont continué leurs controverses avec les protestants de la conscience. Le jour où à la tribune,

un des plus vaillants soldats que l'Évangile ait
comptés dans nos temps, M. de Montalembert,
s'écriait : « Nous sommes les fils des croisés et
nous ne reculerons pas devant les fils de Voltaire, » M. de Montalembert entrait dans le vrai
sens de la question éternelle ; et lui-même, en
cette déclaration de résistance, il concluait, comme
le disciple du Sauveur, à la fatalité de ces hérésies, dont la plus ardente et la plus vivace fut
celle qui dure encore, et qui pour pape revendi-
que Voltaire. Mais Voltaire a bien perdu de son
satanisme. Combien de sages qui sont allés par
delà ses audaces ! Lamennais a été plus amer que
Candide quand il s'est écrié : « Voulez-vous que
je vous dise ce que c'est que le monde ? une
ombre de ce qui n'est pas, un son qui ne vient
de nulle part et qui n'a pas d'écho, un ricane-
ment de Satan dans le vide. » Pourquoi Satan si
Dieu n'y est pas ?

Selon la Rochefoucauld, il y a deux choses que
nous n'osons regarder en face, le Soleil et la
Mort. Il y a aussi la Vérité !

Le soleil, — la lumière ; la mort, — les ténèbres ; la vérité, — Dieu !

Mais la vérité humaine est dans un perpétuel demi-jour ; Dieu l'a voulu, lui qui confond les orgueilleux et qui protége les simples d'esprit. Les simples d'esprit sont les simples de cœur. Vivre de son cœur, c'est vivre déjà de la vie éternelle ; vivre de son orgueil, c'est se heurter à la mort. Dieu a dit à l'esprit humain comme à la mer : « Tu n'iras pas plus loin. » Le père limite le lieu où jouent ses enfants, dans la peur des précipices. Dieu a limité l'esprit humain entre deux rives. Le symbolisme de l'arbre de science est donc aussi profond que poétique ; vivre est doux, savoir est amer. Dieu n'avait-il pas tout donné à l'homme en lui donnant les poésies de la terre et les horizons rayonnants de l'infini !

Bienheureux ceux qui auront eu le mal du ciel. C'est le mal du pays. La patrie des âmes appelle toutes les âmes. Lamartine a été bien inspiré quand il a dit ce vers sublime :

L'homme est un Dieu tombé qui se souvient du ciel.

Ce jour-là il a créé toute une philosophie spiritualiste comme Ange de Fiesole a montré le paradis des âmes dans ce divin poëme des archanges et des madones, où toutes les joies du ciel se reflètent sur les figures dans l'adorable épanouissement de la foi et de l'amour.

Il y a des idées que l'esprit n'aborde qu'en certaines heures lumineuses. Les philosophes ont le tort de croire qu'il leur suffit de prendre la plume pour toute démonstration, comme si la lumière allait jaillir de leur écritoire. Mais pour parler de l'âme, la volonté de l'intelligence ne suffit pas. Il faut que le sentiment révèle les grands horizons; il faut que les battements du cœur, comme des échos lointains, vous rappellent votre origine et vous marquent les symphonies de la vie future. Et encore, si vous n'avez pas le sentiment de l'infini, si l'amour du beau, qui est l'amour du bien, n'a pas hanté votre âme, si chaque jour de votre vie vous n'avez pas cultivé les fleurs sacrées du spiritualisme, si vous n'avez pas élevé en vous-même un temple à Dieu, si vous avez méconnu votre part de travail dans l'œuvre universelle, si quelque fatale blessure n'a déchiré votre cœur, vous parlerez mal de l'âme, parce qu'elle aura replié ses ailes en vous.

Pour parler bien de l'âme, il faut que l'âme parle elle-même.

L'esprit peut parcourir les mondes connus et se hasarder dans les mondes inconnus, comme un éclair rapide, âme de feu et de lumière. Mais Jean-Jacques l'a dit, il est encore plus difficile de rentrer en soi pour y étudier l'homme.

Dans leur orgueil, les philosophes créent des faux dieux devant les vrais dieux, si bien que pour les esprits faibles, les folles visions cachent les grandes images ; Bossuet a dit que c'était ainsi qu'on ne reconnaissait plus la majesté de la religion dans la multitude des sectes. Voilà pourquoi tant de vraies intelligences, égarées çà et là, finissent par tomber, sinon dans l'athéisme, au moins dans l'indifférence, qui est déjà l'anémie de l'âme.

Je comprends le philosophe religieux qui s'avance dans l'infini sans souci de ses guenilles corporelles. C'est l'orgueil de l'humilité. Il commence à vivre ici-bas de la vie future ; il a entrevu les radieux espaces où Dieu attend son âme immortelle ; il frappe avant l'heure aux portes d'or des paradis rêvés. Mais le philosophe qui doute et qui nie, celui-là qui ne veut pas voyager avec les ailes de la foi, qui va se brisant à toutes les hypothèses, celui-là devrait plus souvent fermer les in-folios, abandonner aux brises du soir les hiéroglyphes de son âme pour étudier, libre de toute tradition, les pages de la vie. Pour quiconque les sait lire, ces pages divines détachées de tout commentaire humain, la vérité resplendit. Mais combien qui ont des yeux et qui s'obstinent à ne pas voir! On joue à l'esprit fort en niant l'esprit simple. On veut prouver la grandeur de la science en dépouillant l'homme de tous ses priviléges. Du soldat de Dieu destiné aux conquêtes pacifiques de l'humanité, on fait un animal perfectible se moquant de ses destinées.

Non, la science surhumaine ne s'apprend pas dans les in-folios : elle aime la solitude dans la méditation. Toutes les religions ont montré les hommes supérieurs en communion avec Dieu quand ils dépouillent comme un manteau le monde visible pour passer le seuil du monde invisible.

Parmi ceux - là le plus sage n'est - il pas celui qui s'incline devant la révélation et qui

reconnaît que tout a été dit par Jésus ? Hors
de Jésus point de salut pour l'esprit. Mais pour
ceux qui n'ont pas l'œil de la foi pourquoi ne pas
faire marcher la raison humaine dans une route
parallèle à la raison divine? Par ces jours nocturnes
où tant de docteurs prêchent l'athéisme avec l'im·
pertinence de la sottise, n'est-il pas permis à un
chercheur de se promener avec ses lecteurs par les
chemins salutaires qui l'ont conduit aux horizons
lumineux ? On ne manquera pas de dire que c'est
le roman de l'âme écrit par un poëte. Mais les
poëtes sont des voyants.

II

HISTOIRE DE L'AME.

I

Quand on s'approche du seuil de l'éternité, on doit s'incliner avec respect et imiter pieusement ces anciens voyageurs qui lavaient leurs pieds dans la rosée du soir avant de demander l'hospitalité. C'est l'extrême-onction des chrétiens. Tous les philosophes qui ont interrogé la vie future se sont recueillis avec émotion comme si l'image des dieux dût leur apparaître.

Mais quoique le poëte ait dit :

L'homme est un dieu tombé qui se souvient des cieux,

le dieu tombé n'a qu'un vague souvenir ; il a beau remonter par son âme les spirales de l'infini, il échoue dans les nuées. Dès qu'il entrevoit la lumière, les nuées s'amoncellent. Les âmes curieuses sont comme les vagues impatientes dans leur course inféconde : elles n'iront pas plus loin.

Pour sonder l'avenir, il faut sonder le passé. Étudions les routes parcourues avant de tenter les routes encore vierges. Prenons la lampe de l'histoire pour marcher dans les voies nocturnes.

II

Si on veut trouver la racine des croyances et des dogmes qui ont traversé de siècle en siècle la conscience humaine, il faut toujours remonter à l'Inde. La plus ancienne notion enveloppée dans les mythes de l'Orient est l'idée de la métempsycose. Seulement les modernes n'ont point pénétré l'esprit ni le caractère de cette doctrine, aussi vieille que la tradition, aussi profonde que la nature.

Les Hindous vivaient sous l'obsession de l'éternité, de l'infini, de l'incommensurable. Les êtres animés et inanimés qui peuplent l'immensité étaient des émanations de la vie universelle. Simples formes, simples manifestations, ils jouissaient d'une existence relative et passagère. Ils paraissaient et disparaissaient dans le temps et dans l'espace; mais, au milieu de ces métamorphoses, ils conservaient le germe indestructible de la matière et de l'esprit. Ce qui avait été une fois était toujours.

Frappés des merveilles de la création, contemplateurs du monde, ces théologiens primitifs avaient rattaché tous les dogmes religieux aux phénomènes de la nature. La lumière était pour eux le symbole de la mort; mais de même que la nuit est une transition passagère, de même le principe de la vie pouvait s'effacer sans pour cela finir. Comme le soleil qui se couche et qui dit en s'éclipsant : « Je reviendrai. »

Ne pas être était une condition même de la vie, puisque la vie était soumise à des temps de repos. Le néant ne constituait pas un état permanent; c'était le sommeil imposé par la nature à tout ce qui s'était agité et pour ainsi dire fatigué dans les limites de l'existence individuelle. La forme seule s'usait ; mais le principe de cette forme était indestructible comme la pensée, éternel comme le monde, impérissable comme le grand Tout.

Le monde était le rêve de Dieu, rêve sans commencement ni fin : tous les êtres étaient des pensées : ces pensées inséparables de la matière trouvaient elles-mêmes leur forme à travers les innombrables combinaisons de la puissance créatrice. Pris isolément et dans leur apparence actuelle, c'étaient des ombres et même des ombres fugitives; mais pris dans la raison générale de l'univers, c'étaient des fragments indissolubles de la grande nature où tout change mais où rien ne se perd.

Tous ces êtres avaient une âme, si par âme on entend la conscience de son éternité. Seulement, comme la vie existe ou du moins se révèle à des degrés très-différents, selon le caractère de chaque créature, le principe de la vie se développait dans le cours des siècles à travers des incarnations successives.

Chaque être inférieur aspirait à monter vers les degrés supérieurs de cette échelle de Jacob dont les pieds posaient sur la terre, mais dont les extrémités se perdaient dans les solitudes étoilées du ciel.

Les minéraux, les plantes, les animaux avaient une âme : cette âme passait ainsi graduellement d'une vie latente à une forme plus étendue de la vie extérieure. Ce que nous appelons la chaîne de la nature était ainsi la chaîne des progrès de la matière unie à l'esprit et tendant sans cesse vers un épanouissement de l'existence. Dans les anciennes cosmogonies, la création est ordinairement représentée par le serpent, à cause des anneaux qui se succèdent sur le corps de l'animal, à cause surtout des dépouilles que le reptile laisse derrière lui en faisant peau neuve, préfaces de la mort, quoique l'être vivant persiste et continue de se mouvoir dans le cercle du temps.

Grandiose et poétique conception ! Quand l'homme reposait ses yeux sur le spectacle de la nature, il ne voyait pas seulement dans les plantes et les animaux qui vivifient la surface de la terre, de simples ornements de la création : il y voyait les formes que le principe de son existence actuelle avait traversées dans ses existences antérieures. Comprendre les arbres, les fleurs et les oiseaux, n'était point un effort de son imagination : il avait été lui-même tout ce qui vit. Pour les aimer, il lui suffisait de se souvenir. Dans le parfum sauvage des forêts, il respirait ses anciennes transformations et dégageait des murmures inarticulés de la vie l'écho de ses vagues réminiscences qui se répondaient les unes aux autres jusque dans la profondeur des cavernes sacrées. L'histoire du monde était en un mot son histoire.

A ce sentiment de solidarité entre toutes les existences liées entre elles par la série des incarnations, il faut rapporter sans aucun doute le respect des anciens pour toute la nature. De quel droit l'Indien abattrait-il un arbre séculaire ? Cet arbre est un des langes de sa vie antérieure ; le déchirer se serait se détruire lui-même dans une de ses plus antiques manifestations sur le globe. Tuer un animal, il l'oserait encore moins ; car ce serait attenter à sa propre existence dans une des formations provisoires et nécessaires de sa vie. Cet animal deviendra homme : c'est une question de temps et qu'est-ce que le temps ? une goutte d'eau dans ce fleuve qui cache sa source et qui coule toujours.

L'architecture ne faisait que chanter dans une
langue symbolique le poëme de cette vie enchaînée
par les liens de la continuité et du mouvement :
là les formes apparaissent telles qu'elles sont
dans la théologie hindoue, innombrables, fugitives, détachées les unes des autres ou pour mieux
dire engendrées. Les âmes voyagent dans le temps
et dans l'espace : elles revêtent séculairement
toutes les figures sous lesquelles l'existence apparaît, disparaît, reparaît. Les monuments sont des
rêves de pierre ; mais l'univers lui-même n'est
qu'un songe, le songe de la vie universelle, où
toutes les incarnations flottent comme les ombres
d'une forêt sur l'Océan.

III

Les Grecs et les Romains, s'ils ne l'ont dédai-
gné, n'ont rien compris à ce dogme antique de la
métempsycose. La tradition s'était perdue. Ils ont
remplacé les idées des Hindous par des imagina-

tions poétiques ou par des images symboliques des forces de la nature. On a cru et l'on croit encore que les Hindous, dont les autres peuples de l'ancien Orient ont plus ou moins recueilli les mystères religieux, les doctrines, les croyances, admettaient une renaissance des êtres uniquement réglée par le hasard. La métempsycose ainsi envisagée serait une loi fatale et aveugle, en vertu de laquelle l'âme des bêtes passerait alternativement dans le corps des hommes et l'âme des hommes dans le corps des bêtes, sans que rien déterminât ces fluctuations du sort. D'autres ont cru, au contraire, que les anciens Orientaux professaient un ordre mécanique, un mouvement rotatoire des faits. D'après ce système, le principe de la vie, après s'être élevé des degrés inférieurs de la nature jusqu'à l'homme, aurait ensuite rétrogradé de l'homme jusqu'au brin de mousse, en passant par la série des animaux. Ces deux conceptions sont également chimériques.

Les anciens croyaient à l'aspiration de la vie, à l'accroissement infini et illimité de la personnalité renaissante. On a pris pour la règle ce qui était au contraire l'exception. Il y avait bien, il est vrai,

des punitions où l'homme, après avoir acquis la
prérogative humaine, perdait ses droits à une telle
dignité, pour retomber dans les ténèbres du monde
inférieur; — à peu près comme Nabuchodonosor
qui, dit la Bible, fut changé en bête et alla brou-
ter l'herbe des forêts pendant sept années ; — à
peu près aussi comme ces peuples qui, après avoir
atteint à la lumière de la civilisation, redescendent
dans les profondeurs de la vie barbare. Qu'étaient
ces renaissances malheureuses? Des châtiments,
des purifications. La nature disait à l'homme :
« Tu as cherché les mœurs de la brute : tu renaî-
tras brute. Enveloppé dans l'organisation des
êtres inférieurs comme dans une prison, tu traî-
neras lamentablement à l'ombre des bois le spectre de ta grandeur déchue. Tu t'es ravalé jusqu'au
lion par ta férocité, jusqu'au paon par ton orgueil,
jusqu'au pourceau par ton matérialisme : rede-
viens ce que tu as voulu être. Les souvenirs vagues de l'existence humaine, dont tu as librement
repoussé la lumière, te poursuivront jusque dans
la nuit de ta nouvelle existence. Ce sera ton remords et ton supplice. »

L'âme redevenue brute, *anima fiera divenuta*,

comme s'écrie Dante, tel était l'enfer des Hindous. Ces réprouvés qui avaient cherché eux-mêmes et trouvé leur déchéance étaient après tout en dehors des lois ordinaires de la nature. Leur retour aux existences inférieures avait le caractère d'une épreuve. Tôt ou tard le principe ascendant de la vie reprenait ses droits, et les âmes rachetées par leur prison nocturne dans le corps des animaux remontaient à la dignité d'homme.

Pour les Hindous il n'y avait donc ni commencement ni fin; seulement, il y avait des formes qui, soumises à la loi du temps, naissaient et mouraient. A chacune de ces destructions partielles, l'âme retournait dans le sein de la vie universelle pour s'y recueillir et s'y retremper. L'intervalle entre la mort et la renaissance n'était ainsi qu'un temps de sommeil. Dormir dans le sein de Dieu, cette expression qui a passé dans toutes les langues, est l'image fidèle des anciennes croyances. Ce que durait ce sommeil, il est inutile de le rechercher : les anciens ne tenaient pas compte du temps. Habitants tranquilles d'une partie de la terre, où rien ne change, où les saisons de l'année ont toutes la même figure, ils croyaient volontiers que les siècles s'amoncellent silencieusement sur les siècles, et que la vie poursuit, sans se hâter, le cours de ses transformations éternelles.

Les Grecs et les Romains ont hérité d'une partie de ces dogmes; seulement ils y ont mêlé beaucoup de fables. La théologie païenne a cependant recueilli le principe du progrès des existences terrestres. Qu'étaient les dieux et les déesses ? Des hommes et des femmes transformés par la mort. Tous avaient existé : on montrait encore leur berceau ; on racontait leur histoire ; on pouvait suivre les traces de leur passage dans les contrées où s'élevaient leurs temples. Ils s'étaient métamorphosés un jour, en passant de notre sphère à une sphère supérieure de la vie. Maintenant un sang immortel coulait dans leurs veines. La tombe avait le privilége de faire des Dieux. Quand on ne voulait plus d'un roi ou d'un empereur, on le tuait et on lui dressait des autels. Socrate a dit : « Lorsqu'on disposera de mon corps, ne dites pas : « on brûle ou on enterre Socrate, » ne me confondez pas avec mon cadavre. » Est-ce l'immortalité de l'âme ou l'immortalité de l'esprit? Est-ce la raison divine, humaine ou païenne ?

Les pérégrinations de l'âme à travers les différentes formes de la nature et les différentes conditions humaines — la naissance, la mort et la renaissance à perpétuité — le dégagement successif des existences graduées — l'idée que chaque homme portait en lui les traces de ce qui fut et les germes de ce qui sera : tel est le thème sur lequel les cosmogonies anciennes ont brodé d'or le voile noir des mystères.

IV

Passer des religions de la nature au mosaïsme, c'est franchir un abîme immense, c'est aborder un nouveau théâtre de faits et d'idées. Que Moïse ait puisé ses dogmes dans les temples de l'Égypte ou qu'il les ait recueillis dans les traditions éparses de sa race, là n'est pas la question. Je constate seulement qu'entre les idées de l'Inde sur les destinées de l'âme et les idées du peuple hébreu — idées qui ont passé plus tard dans la foi chrétienne — il y a toute la distance d'une révolution morale.

Les Hindous croyaient aux émanations, aux incarnations de l'âme. Les Hébreux rejettent cette doctrine comme entachée de panthéisme. Suivant eux, l'âme *n'émane* pas de Dieu; elle est créée; l'âme ne *s'incarne* pas; elle est placée et en quelque sorte *soufflée* par Dieu même dans le corps de l'homme. Pour bien comprendre l'étendue et la portée de ce contraste dans les notions des deux peuples, il faut remonter à la conception même de l'Être suprême.

La Bible est le second monument de très-haute antiquité dans lequel apparaisse un Dieu personnel, entièrement séparé de la nature, gouvernant la matière comme une esclave, disant aux innombrables habitants du globe : « Soyez! » Et ils sont. Le monde est suspendu à sa volonté comme par un fil. Quand les lois de la nature contrarient passagèrement ses desseins, il les change, il les suspend, il les brise. La pluie attend ses ordres et la foudre lui demande : « Où dois-je tomber! » Il a deux actions sur l'univers, l'une ordinaire et naturelle, l'autre extraordinaire et surnaturelle : cette dernière éclate surtout dans ses rapports avec son peuple, avec Israël ; quand il s'agit de ce peuple élu, les miracles ne lui coûtent pas. Faut-il ouvrir les mers ? il les ouvre ; Faut-il prolonger le jour ? il fait signe au soleil. Faut-il ressusciter les morts ? il rassemble la poussière dispersée par les vents et de cette poussière il fait le miracle de la vie. Il règne sur les éléments et rien de ce qui a été fait ne règne sur lui. Il est l'éternel, l'incommensurable, le seul, le grand, « JE SUIS ! » Un seul homme a pu le voir en face sans mourir. Et cet homme était Moïse.

La croyance à l'immortalité de l'âme parmi les Juifs est-elle une doctrine saisissable pour l'histoire ? Rien n'existait dans le sens absolu du mot, à l'exception de Jéhovah. Les êtres créés par lui n'étaient que des instruments : son œuvre faite, il les anéantissait. Les anciens Juifs croyaient, en effet, que le bien et le mal étaient récompensés ou punis sur la terre. « Honorez votre père et votre mère, dit Moïse, pour que vous viviez longuement. » Une Providence active et inévitable, distribuait aux vivants les récompenses ou les peines, et cela de génération en génération. Dieu n'avait qu'à retirer sa main pour que tout tombât dans l'éternelle nuit. Un jour, il se repentit d'avoir fait l'homme, et ce jour-là le genre humain fut noyé, moins Noé. Un mot de plus et l'univers était détruit.

Selon la Genèse, Dieu souffla au visage un souffle de vie. Et l'homme devint âme vivante. Comment les Juifs n'ont-ils pas mieux traduit la grandeur de l'action divine ? Cette âme vivante, c'était l'âme immortelle, c'était une parcelle de l'infini sur le fini : l'homme devait mourir, mais l'âme vivante devait vivre toujours.

Plus tard, il est vrai, la croyance à l'immortalité de l'âme s'introduisit dans le peuple saint ; cette croyance greffée sur l'arbre primitif du mosaïsme prit le caractère des autres dogmes qui faisaient la force et l'originalité de la nation juive.

Mais si on ne traduit que par le mot à mot, ce n'est point dans la Bible qu'il faut chercher les idées d'Israël sur l'histoire de l'âme : la Bible garde sur le lendemain un silence majestueux et terrible. Les textes qui renferment pour l'homme une promesse d'immortalité sont obscurs, vagues, impénétrables *.

La Bible presque muette sur ce point ou n'accentuant que de vagues espérances, c'est à la kabale qu'il faut s'adresser pour connaître les idées du mosaïsme sur l'origine de l'âme et sur les destinées futures.

V

Les kabalistes admettent trois espèces d'âmes chez le même homme : l'une céleste, l'autre matérielle et une intermédiaire qui établit pour ainsi dire le lien entre l'esprit et le corps. Distinctions trop subtiles. Nous ne rechercherons pas avec les rabbins le moment où ces trois âmes entrent successivement dans le corps de l'enfant qui se forme : ce sont là des mystères que la sublime science se flatte de pénétrer, mais dont nous lui laissons vo-

---

* Genèse, ch. ii, verset 7. — L'homme fut fait en âme vivante. — Ézéchiel. ch. xxxvii. — *Résurrection*. — Vie future. — Job., ch. xiv, verset 21 ; ch. xix, verset 26. — Psaumes de David, ch xxiv, verset 3 ; psaume xlix, verset 15 ; psaume xxvii, verset 13. — Samuel, ch. xii, verset 23. — Psaumes de David, xxvii, verset 13.

lontiers le secret. Si l'âme est d'origine céleste, si elle est placée par un souffle de Dieu dans la matière humaine, comment se fait-il que cette substance pure et immaculée se montre sujette au mal, faillible, peccable ? Ici le rabbinisme est obligé de recourir à la légende. La poésie intervient pour cacher sous son aile ce que la conception philosophique a de pauvre et d'inconséquent. Un ange descend au moment où l'âme céleste pénètre dans le cerveau de l'embryon et touche du doigt la lèvre supérieure. On peut voir la trace de ce doigt mystérieux dans le sillon creusé chez chaque homme entre le nez et la bouche. Les effets de cette empreinte sont merveilleux et bien dignes de la main qui la grava. A l'instant même, l'âme perd la mémoire de son origine. Si elle est privée alors de son tranquille repos et de sa béatitude, elle acquiert en revanche ce don nouveau qui est le privilége de l'homme. Elle peut désormais choisir entre le bien et le mal : elle est libre. Les rabbins ne croient pas que cette liberté soit trop payée par le sacrifice de la vie passive qu'elle menait dans un monde meilleur.

Le christianisme a épuré les idées du mosaïsme sur le principe immortel de notre nature. Le fond des croyances est néanmoins resté le même. Dans ces deux religions, l'âme humaine est radicalement séparée de toutes les autres existences terrestres. Elle n'a point passé par la série des créations inférieures : elle vient directement de Dieu. Ce qu'elle était avant de se marier à un corps dont elle doit s'affranchir un jour ? Mystère. Ce qu'elle deviendra et où elle va ? A l'Éternité. Mais quelle est cette éternité ? Ces questions ont rempli des volumes ; elles ont occupé des conciles. Après tout, il n'en est pas de plus grandes. Plus l'homme avance dans la vie, plus il penche vers ses destinées futures et plus ces sombres problèmes attirent sa pensée mélancolique au fond des tombes. Hamlet, assis au bord d'une fosse ouverte, dans la solitude du cimetière et se posant à lui-même cette énigme dont le fossoyeur est le sphinx — *To be or not to be* — Hamlet est un de ces égarés sublimes à la manière de Pascal, pour lesquels la vie est la méditation de la mort.

Les théologiens catholiques se sont montrés aussi embarrassés que les rabbins pour concilier l'origine de l'âme avec l'existence du mal. Les plus éminents d'entre eux ont imaginé une création des âmes à l'origine des choses. Les diamants perdus au fond des sables, ignorés et s'ignorant eux-mêmes, attendent qu'on vienne les prendre dans leur sommeil et que le travail du polisseur les revête de cet éclat qui est la vie des pierres. Eh bien! les âmes, créées au commencement du monde, attendent ainsi dans une sphère invisible que Dieu les appelle pour animer des corps mortels. Cette théorie des âmes sommeillantes est très-ancienne. On se demande toujours comment ces âmes divines, quoique distinctes de Dieu, peuvent manifester, après la naissance, des inclinations mauvaises. C'est pour répondre à cette difficulté que les théologiens invoquent sans cesse le dogme de la chute originelle. Les âmes, dont l'origine est céleste, entrent dans des corps pervertis par la faute du premier homme.

Aux yeux des chrétiens, la vie est une épreuve. L'homme passe sur la terre, il n'y demeure pas. Il n'est pas venu ici pour vivre, mais pour mourir. Ce qui s'agite autour de lui dans le temps n'est point réel; cela paraît être, mais cela n'est pas : l'éternité seule existe. A la fin de l'empire romain, au moment où tout dans l'ancien monde s'écroulait, cette préoccupation de la mort avait frappé au cœur les générations vivantes. On fuyait au fond des solitudes pour s'abimer dans le silence et dans la méditation du grand mystère. Un exemple entre mille : L'un de ces penseurs effrayés qui avait caché depuis trente ans sa tête dans les cavernes, comme pour s'accoutumer à la nuit du tombeau, rencontre un voyageur qui traversait le désert : « Eh bien! lui demanda-t-il avec une ironie sublime, les hommes s'amusent-ils encore à bâtir des maisons? »

Je ne juge point ce que cette frayeur avait d'exagéré : elle tuait la civilisation; elle éteignait les arts, elle affaiblissait la résistance à l'invasion des barbares : le spiritualisme chrétien s'enveloppait de l'éternité comme d'un manteau pour dédaigner le temps. L'œil fixé ailleurs, il ne voyait pas venir Attila; il n'entendait pas le bruit sinistre d'une société qui se bouleversait. A quoi bon? Ce que le solitaire attendait dans le silence des cloîtres ou au milieu des sables du désert, ce n'était pas que le monde vécût, c'est que le monde finît.

Les théologiens ont entrevu la vie future. Au moment où l'âme quitte la terre et se dépouille du corps comme d'un vêtement usé, elle paraît seule, nue, tremblante devant Dieu qui l'interroge et qui la juge. Selon qu'elle est trouvée digne de récompense ou de châtiment, elle est sauvée ou damnée. Le ciel ou le paradis consiste pour l'âme dans l'union avec le *Saint des saints;* l'enfer, dans la privation de Dieu. Ce premier jugement sera suivi d'un jugement dernier à la fin des temps et d'une résurrection des corps. C'est sur ce fond simple et terrible que l'art du moyen âge a jeté le voile de ses mystiques allégories.

On ne saurait croire à quel point les esprits se sont exercés sur toutes les objections que soulevait une doctrine si absolue. Il a été écrit des volumes pour demander ce que deviendraient à la fin des temps les hommes dévorés par les bêtes féroces et comment ils feraient pour retrouver leur corps. La théologie a des réponses pour tout; elle a dit que les molécules humaines ne se confondaient point avec celles de l'animal et que les unes sauraient bien, un jour, se distinguer des autres. Une des forces de l'Église catholique était de tout définir avec une autorité qu'on devait croire infaillible.

Le protestantisme, qui changea la constitution des croyances, n'altéra qu'en un seul point la foi catholique pour les destinées immortelles de l'homme. La Réformation supprima le purgatoire. C'était l'enfer plus près. La théorie de la purification par la souffrance est antérieure au christianisme ; elle se retrouve dans les mystères de Cérès. Le purgatoire atténuait d'ailleurs ce que l'éternité des peines avait d'épouvantable. Le protestantisme, en faisant le vide entre l'enfer et le ciel, redouble encore la sévérité du dogme.

Le protestantisme a détruit le lien de solidarité qui, dans la croyance des catholiques, continue d'unir les vivants aux morts. Dans l'Église réformée, dès qu'un homme a fermé les yeux pour le grand sommeil, il appartient à Dieu seul ; ses meilleurs amis ne peuvent plus rien pour lui. Son sort est irréparable et ne saurait être modifié par aucune intervention. Dans l'ancien culte, au contraire, la prière des vivants couvre le mort contre les rigueurs de la justice divine. La femme intercède pour son enfant. Et sa voix monte à Dieu comme la voix de la mère vers le trône de Salomon, pour demander que le fruit de ses entrailles ne soit point divisé en deux. Où cette relation entre le monde visible et le monde invisible se montre sous des traits touchants et poétiques, c'est dans cette fête des cimetières qui vient avec la chute des feuilles. — Ce jour-là, ceux qui font semblant de vivre vont rendre visite à ceux qui font semblant d'être morts. — Toute l'humanité réunit ses membres dans une même pensée, dans un amour universel. Ceux qui sont déjà dans la gloire, ceux qui souffrent, ceux qui étaient hier, ceux qui mourront demain, se rencontrent là où le passé et l'avenir se confondent dans un présent éternel.

VI

Les philosophes se divisent en trois ordres : les spiritualistes, — les matérialistes, — les panthéistes.

Les philosophes spiritualistes se rapprochent

beaucoup de l'idée chrétienne. Lisez Platon : vous croiriez entendre la voix d'un solitaire méditant au pied de la croix. Mêmes soupirs de l'âme ayant le mal du pays — le mal du ciel — même dédain du monde où les formes extérieures ne sont que les masques des idées divines, même révolte contre les illusions des sens, mêmes élégies sur les misères et les vanités de l'homme qui cherche à saisir le pâle fantôme des choses. L'univers étant la révélation matérielle du Verbe, c'est au Verbe qu'il faut remonter, si l'on veut se désaltérer dans les sources mêmes de la vie. L'organisation des êtres créés n'est point le principe ni la cause de leurs facultés; c'en est au contraire la limite. Le principe de tout, c'est l'âme. Cette âme, née de Dieu, aspire vers Dieu. Elle languit dans l'énervante prison du corps, dans le cercle étroit de l'existence terrestre, dans le monde des apparences grossières et matérielles. Les sens peuvent bien s'enivrer à la coupe que lui présentent les molles voluptés; mais l'âme, elle, ne s'abreuve point de cette liqueur perfide. Esprit, elle met son bonheur dans les choses de l'esprit. Sa vie est l'exercice de la pensée. Tout ce qui dé-

veloppe la faculté de concevoir et d'aimer est un
bien; tout ce qui l'étreint est un mal. La mort
qui desserre les liens de la prison charnelle ne
saurait donc être pour l'homme que le plus heureux des événements. La mort soulève le cou-
vercle de plomb sous lequel les ailes de Psyché se repliaient douloureusement. La mort
n'est pas la mort; c'est le commencement de l'immortalité.

Que devient] l'âme, au sortir de sa captivité ?
Les philosophes le demandent aux poëtes, les
poëtes le demandent aux étoiles. La migration des
âmes dans les sphères célestes est une idée plato-
nicienne; mais pour peu qu'on interroge les monuments de l'antiquité, on voit que Platon avait
reçu cette tradition de l'Égypte où elle était depuis
longtemps conservée dans les temples. Il est es-
sentiel de pénétrer les profondeurs de cette
croyance. L'âme a été créée pour être unie à
Dieu; mais le fini ne peut comprendre l'infini.
Tout ce que l'âme humaine peut espérer c'est
donc de se rapprocher toujours de ce centre de
la vie universelle sans y atteindre jamais. Les
mondes innombrables dispersés dans le ciel sont

autant de degrés par lesquels passent les âmes pour s'initier à la Science et à l'Amour. Cette hiérarchie des mondes, qui communiquent les uns aux autres par des liens mystérieux, constitue l'échelle des épreuves à travers lesquelles la pensée s'élève éternellement. L'âme monte d'une sphère inférieure à une sphère supérieure; toujours mourant et renaissant, l'être humain va d'étoile en étoile, cherchant Dieu à travers l'espace et le temps, ne le trouvant jamais face à face, mais faisant tomber successivement les barrières et les voiles qui le séparent de la lumière incréée.

L'astronomie déclare qu'elle ne comprend pas la vie en dehors de notre planète. Elle a raison, si par vie elle entend les conditions actuelles de notre pèlerinage terrestre; mais, c'est précisément son erreur que de vouloir prendre une des phases de l'existence pour l'existence elle-même. La terre avec les plantes qui la couvrent d'un manteau de verdure, avec les animaux qui la peuplent, avec les hommes qui la gouvernent, la terre n'est après tout qu'un grain de sable dans l'infini. Croire que la vie commence et finit à ce grain de sable, que les destinées de l'âme y sont enfermées, c'est une prétention bien digne des astronomes, mais dont doivent sourire de ciel en ciel les habitants des autres mondes.

Si sur la terre quelques degrés de froid ou de chaleur en plus ou en moins transforment tout à coup les arbres, les animaux, les hommes eux-mêmes, changent la couleur du visage, altèrent la nature des pensées et des sentiments, modifient le langage, les mœurs, la politique, les arts, combien des influences atmosphériques toutes différentes de celles que nous connaissons, doivent-elles bouleverser de fond en comble les caractères de la vie! De ce que nos yeux, même ornés du télescope, ne découvrent point d'êtres organisés dans le soleil, dans la lune et dans les étoiles, il serait absurde de conclure que ces êtres-là n'existent pas. Quoi! nous ne pouvons soulever un brin d'herbe sans découvrir à l'œil nu des millions d'insectes qui fourmillent; nous ne pouvons analyser une goutte d'eau sans reconnaître au microscope que cette goutte d'eau est l'Océan dans lequel vivent, respirent, s'agitent des légions de zoophytes, et nous voudrions que ces masses de matières, ces mondes cent fois grands comme le nôtre qui fourmillent au-dessus de nos têtes, dans le silence des nuits taciturnes, fussent vides et inhabités! O science humaine! ô fantôme de l'orgueil!

Quelques théologiens catholiques ont compris eux-mêmes ce que la notion de la vie, limitée à notre globe terrestre, avait d'étroit et de puéril. Ces poëtes du dogme ont éprouvé le besoin d'étendre à tout l'univers le mystère de la rédemption. Au moment, disent-ils, où le Christ expira sur la croix et poussa le grand soupir, la mécanique céleste se troubla, le mouvement des sphères fut tout à coup suspendu, le sang du juste coula de monde en monde, et un ange alla porter jusque dans les profondeurs du firmament cette nouvelle: « IL EST MORT! » Cette doctrine est d'ailleurs la seule qui s'accorde avec la majesté des faits. Un Dieu immolé ne pouvait faire moins que de mourir pour toute la nature et pour tous les êtres qui peuplent l'espace sans borne. Un tel sacrifice, rétréci aux proportions de notre grain de sable, manque de contre-poids. C'est, pour me servir du langage mathématique, une équation fausse.

VII

Les philosophes matérialistes ont beaucoup moins à nous apprendre sur le sort de l'homme après la mort. Il serait pourtant injuste de croire que cette doctrine soit tout à fait incompatible avec le dogme de la perpétuité des êtres. Quelques peuples athées de l'Orient n'en professent pas moins pour cela le culte des ancêtres. Ils croient à des âmes matérielles, ayant la figure exacte des corps et qui continuent de hanter les lieux où leur existence s'est accomplie. Enchaînés aux éléments, ces demi-morts assistent la nature dans ses mystérieuses combinaisons ; ils président même aux destinées humaines ; ils versent leur influence sur les vivants. L'amour et la haine, les sentiments divers qui les ont animés, durant leur présence parmi les hommes, continuent d'agiter leur cœur. Ils pensent, ils veulent, ils se meuvent ; donc ils existent. Ce sont, pour ainsi dire, des êtres évaporés. Ils vont où va l'âme de la rose, quand elle rend son dernier soupir embaumé.

Ainsi le néant est, même au point de vue matérialiste, le fruit amer de la philosophie moderne.
Les anciens ne concevaient rien de semblable.
Cette idée, ou pour mieux dire cette négation, est
fille du désespoir. Elle est née à la suite des désil-
lusions de l'orgueil. Au fond, c'est plutôt un défi
qu'une doctrine ; sainte Thérèse plaignait le démon : « O le malheureux, qui n'aime pas ! » Il me
sera bien permis de plaindre le premier philosophe qui, fatigué de vivre, dégoûté de tout, même
de l'espérance, éprouvé par toutes les injustices
des hommes, ne croyant plus à la vertu des femmes, regarda la tombe en face et dit à l'immortalité : Tu n'es qu'un mot !

N'avez-vous pas fait cette remarque : dans la
théologie chrétienne, le démon est le père du mal ;
toutes les pensées qu'on peut avoir contre Dieu,
il les a ; c'est de sa tête maudite qu'elles se répandent sur le monde. Eh bien, il y a une chose que
ce *docteur d'impiété*, comme l'appelle fièrement
Luther, n'a jamais faite, qu'il ne fera jamais, qu'il
ne peut pas faire : — le démon ne nie pas l'immortalité. — Le néant ferait son repos, son bonheur à lui ; mais à ce bonheur-là, il ne croit point.

L'idée du néant est donc une idée humaine ; ce n'est point un crime, c'est une folie. C'est le refuge des consciences troublées.

VIII.

Les panthéistes croient à la Nature, à la matière éternelle et inséparable de l'esprit. Dieu, pour eux, c'est l'océan des choses : comme saint Paul, ils vivent, ils respirent, ils se meuvent en lui. Les âmes sont des émanations. Soumises aux évolutions du temps, elles changent, elles se transforment, elles voyagent dans l'infini. Ce qu'elles étaient hier, elles ne le seront plus demain ; car la figure du monde passe et nous passons avec elle. Le mouvement est la loi de tout ce qui vit. On peut faire à cette doctrine toutes les objections qu'on voudra ; mais ce qui se rencontre le moins au fond des rêves du panthéisme, c'est l'idée de l'anéantissement. Loin de là, tout ce qui vit a vécu et revivra. La destruction n'est qu'une des formes de l'immortalité.

Les panthéistes se rapprochent beaucoup plus

des mystiques chrétiens que des matérialistes. Pour eux la pensée humaine se montre coéternelle à Dieu, dont elle n'est d'ailleurs qu'un rayonnement : vouloir que cette pensée finisse serait le délire de la philosophie; elle se développe au contraire comme la vie se développe dans l'univers.

Que les âmes renaissent, c'est un point sur lequel tous les panthéistes tombent d'accord ; mais où et comment renaissent-elles ? Retournent-elles à l'humanité pour s'en détacher de nouveau? Les hommes qui vivent maintenant à la surface de la terre sont-ils les mêmes qui vivaient, il y a dix ou vingt ou trente siècles ? Revivront-ils encore dans huit ou dix mille ans? En un mot, la renaissance est-elle limitée à notre globe terrestre ? Et le MOI qui est le juste orgueil de toute vertu, de toute grandeur, de toute intelligence s'effacera-t-il comme une figure dans les nuages.

De quoi me sert de renaître si, en revenant dans ce monde, je perds les amours et les amitiés de mes existences antérieures ? Une vie dont je n'ai plus le souvenir, n'est qu'un jour de plus. J'ai été, dites-vous : que m'importe, si ce que j'ai été autrefois s'est effacé comme la trace d'une hirondelle qui passe sur l'eau ? L'humanité se continue sans doute ; les progrès se succèdent et j'hérite du travail de mes devanciers sur le globe ; mais si la part que j'ai prise à ces conquêtes est rayée du livre de la conscience, je n'ai point vécu. Cette mémoire des faits accomplis, des existences révolues, je l'acquerrai, dites-vous, dans les âges futurs ; soit, mais jusque-là j'ai le droit de soutenir que la nature a été injuste en m'imposant le fardeau d'une continuité dont elle me refuse le sentiment. Et puis, quel horizon présentez-vous à ma pensée inquiète, à mon insatiable soif d'espérance ? Un monde dont les jouissances me sont déjà connues, dont les maux l'emportent toujours sur les biens. Renaître ainsi ce n'est pas renaître, c'est recommencer la mort.

Ces objections sont irréfutables. Il faut pourtant embrasser ce système dans son ensemble : La vie de l'humanité n'est pas bornée aux destinées de notre globe. Ce monde finira — c'est le sort de tout ce qui a eu un commencement d'avoir une fin — et l'humanité sera transportée dans une nouvelle planète, où ses facultés s'agrandiront avec le théâtre même de la vie. Platon réapparaît ici dans son rayonnement.

Si maintenant nous ramenons dans la lumière les diverses doctrines religieuses et philosophiques, nous verrons qu'elles s'accordent à ne point regarder notre passage sur la terre comme le terme de l'existence humaine. Notre globe n'est pas le centre de la mécanique céleste; il n'en est qu'un des organes. La vie sous les formes que lui impose la nature de notre sphère, ne saurait être non plus la conclusion de nos destinées.

Ce qu'il faut maintenir, tout en croyant avec les panthéistes aux transformations de la matière, c'est la perpétuité du moi. Perdre le sentiment et le souvenir de l'existence, ce serait perdre tout ce qui nous console de vivre. L'amour est une des formes de la mémoire. Or, si l'amour est, comme le disait Spinosa lui-même, le lien et l'harmonie des êtres, l'âme ne cesserait de se rappeler le passé qu'en tombant dans l'impossible nuit du néant.

Un prêtre de Brahma se prosterna devant ses autels en lui disant : « O mon maître, dis-moi si j'ai une âme immortelle, dis-moi pourquoi tu m'as donné cette âme, dis-moi ce que deviendra cette âme après ma mort? » Brahma lui répondit par ce seul mot : « Demain. »

Le lendemain le prêtre n'étant pas plus savant, interrogea encore Brahma, et Brahma lui répondit : « Demain. »

Et tous les jours même question et même réponse.

Quand le prêtre de Brahma mourut, il comprit, car il se retrouva.

Se retrouver! voilà le mot

III

LES SCIENCES OCCULTES.

I

C'est à l'origine des sciences occultes qu'on a cherché Dieu jusque dans le démon, les mystères du ciel dans l'étude du livre de la nature.

Les sciences occultes du moyen âge avaient puisé leurs inspirations dans la kabale juive *. La kabale est une philosophie mystique. Plus ancienne que l'école d'Alexandrie, sa cousine, elle porte l'empreinte d'une doctrine orientale. Suivant elle, toutes les créatures sont des émanations

---

* Tout esprit de bonne foi reconnaît que la kabale a une science aussi réelle que les systèmes ambitieux et consacrés. Se tromper est le privilége de la raison humaine : ceux-là seuls ne dévient jamais qui marchent par les chemins battus ; mais où ces chemins mènent-ils ? L'homme n'évite le plus souvent les illusions que pour tomber dans les lieux communs.

de la substance unique. Le monde n'est pas seulement l'ouvrage de Dieu, il en est la forme. Qui ne reconnaît dans ces idées élémentaires le germe du système de Spinosa et de tous nos athées à la mode ! Initié aux mystères et aux traditions de sa race, Spinosa ne fit que porter la rectitude d'un esprit géométrique dans le monde de la fantaisie et du rêve.

Les sciences occultes s'enveloppaient à dessein d'un voile artificiel. Les astrologues, les alchimistes, les magiciens tenaient à n'être pas compris de tout le monde. De là un langage de convention, des figures impénétrables, un symbolisme nuageux recouvrant des idées aux contours flottants. Ce mystère, ces pénombres, ces ténèbres ont fait croire aux esprits superficiels qu'il n'y avait derrière les sciences occultes du moyen âge qu'une grossière erreur masquée de supercherie. Erreur, soit; mais qu'auraient gagné les savants de cette époque à tromper les autres en se trompant eux-mêmes? On fait toujours les hommes plus mauvais et plus habiles. La plupart des chefs d'écoles ou de religions qui ont séduit la multitude ont commencé par être séduits. On est libre de voir dans la doctrine des anciens mages le délire de l'orgueil, un superbe défi jeté à Dieu, l'abus des aspirations vers l'infini ; mais ne pourrait-on pas adresser les mêmes reproches aux philosophes et aux théologiens?

Tout savoir, tout pouvoir : tel est le programme de la kabale.

A ce programme, la nature ne consent pas ; elle se venge en remplissant d'ombre ces yeux de l'esprit qui se tournent audacieusement vers la lumière universelle. A leur tour, les kabalistes n'ont-ils pas le droit d'accuser la nature : « Pourquoi m'avoir donné l'ambition d'un Dieu, si c'est pour me retenir courbé comme la brute sous l'inexplicable mystère de tes lois? Tu me jettes la pomme de la science, la pomme du bien et du mal, et tu te dérobes sous la forêt de l'inconnu! Je t'y suivrai pour arracher ton secret. »

Selon les kabalistes, il y a une âme universelle qui *essentie* et *substantie* l'étendue; de cette âme, vaste océan de la vie et de l'idée, toutes les âmes particulières sont des émanations. Chaque département de l'existence est animé par une force latente et occulte, qui est comme l'esprit des choses.

Il y a l'*âme bleue* qui emplit l'éther ; il y a l'*âme glauque* qui fait vivre l'océan ; il y a l'*âme insensible* qui fait respirer les pierres ; il y a l'*âme verte* qui tressaille et végète dans les plantes ; il y a l'*âme animale* qui donne l'instinct aux brutes et la pensée à l'homme. Toutes ces âmes sublunaires sont sous la domination des grands corps célestes. Les étoiles qui peuplent la solitude de ce vaste ciel sont des êtres. Chacun de ces mondes est animé par une intelligence particulière, doué d'une force et d'une influence qui agissent directement sur notre planète. Toute âme terrestre se rapporte à l'une de ces âmes sidérales qui errent dans l'étendue. Il n'y a pas un être vivant, il n'y a pas une fleur qui n'ait là-haut son guide et son protecteur — son ange gardien — dans un des astres suspendus au firmament. Chaque rayon de lumière céleste qui tombe sur la terre va trouver la créature qui l'attend sans le savoir. Cette communion des âmes à travers l'espace, cette correspondance des sphères supérieures déterminant les destinées des autres sphères inférieures, tout cela forme le lien de l'univers. « Lien d'amour, » s'écrie Dante.

La croyance que les âmes sublunaires sont sous la domination des âmes unies aux corps célestes est une croyance chaldéenne. Les premiers pasteurs, frappés de la beauté de ces astres qui rayonnent dans la sérénité taciturne du ciel asiatique, passant les nuits seuls avec leurs troupeaux au milieu de ces plaines silencieuses, cherchaient au-dessus de leur tête les confidents de leurs pensées. Ils s'accoutumaient bientôt à voir dans les étoiles des sœurs mystérieuses qui veillaient sur leur destinée errante. Chacun d'eux adopta la sienne dans cette innombrable famille de corps célestes qui peuplent les solitudes de l'espace. Plus tard ce qui était un rêve devient une doctrine. Le genre humain ne procède point autrement : toute théologie, tout système philosophique commence par une aspiration vers la nature. Les doctes de la Chaldée transformèrent la simple vision des bergers en une métaphysique sacrée. Ils se dirent que ces vastes existences du firmament ne pouvaient être inactives ; que les mondes devaient correspondre entre eux ; que dans la nature les grandes forces dominaient les plus petites, et que par conséquent la terre devait recevoir des autres astres, non-seulement la lumière et la vie, mais encore une direction morale. Chaque astre embrassait sous sa puissance une partie des trois règnes de la nature ; il présidait à la formation des pierres et des métaux, à la vie des fleurs, à la naissance et à la destinée des animaux, à la fortune de l'homme et des œuvres créées par l'intelligence humaine. Les religions, les États, les sociétés, tout était régi par les mouvements du ciel. Les grands corps lumineux étaient soumis à des maladies, à des défaillances, à des phases laborieuses : le malaise de ces divers astres se répandait sur les régions de la nature et de l'humanité qui leur étaient soumises : de là, les pestes, les guerres, les tremblements de terre, les disettes, tous les fléaux. Que les kabalistes se soient trompés sur la cause fatale des événements, je l'accorde ; mais il faut pourtant leur tenir compte d'une idée juste et vraie. Devançant les pas de la science, ils ont affirmé hardiment l'unité de la nature *.

---

* Fourier a été conduit par la même voie aux mêmes inductions. On s'est beaucoup moqué de la fonction de Mercure, présidant à la santé des choux-fleurs ; je ne sais point

II

Les étoiles n'ont point cessé d'agir sur les âmes; mais c'est une action plus *sublimée;* les ombres conversent avec l'âme des mondes, avec l'âme de la nuit, avec les autres ombres. Il est certains paysages qu'elles affectionnent. Les épaisses forêts, les sources solitaires, les noirs rochers, les bords de la mer conviennent à leur inclination méditative. C'est là que les visionnaires prétendent les avoir rencontrées en plus grand nombre. Les victimes d'un crime quittent difficilement le théâtre du meurtre. Elles errent autour de leur sang répandu ; elles attestent l'âme de la terre et lui montrent du doigt les traces de l'assassin. Questionnées, elles se taisent et se dérobent.

L'âme de la terre, cette âme qui a obsédé dans

si Mercure s'intéresse plus aux choux-fleurs qu'aux asperges, mais je crois volontiers que la science agit témérairement et légèrement quand elle nie les influences exercées d'une sphère à l'autre par les vertus célestes.

ces derniers temps la raison des chercheurs obstinés, était bien connue des kabalistes.

Chaque âme particulière était un flot de cet
océan soumis lui-même à la pression des astres
qui vont et viennent dans l'espace céleste. Cette
âme terrestre aimantait toutes les créatures, ai-
mantée qu'elle était à son tour par le regard des
autres mondes, ses frères et sœurs dans l'éternelle création de Dieu au sein de l'univers.

Les kabalistes admettaient comme les anciens
deux âmes, l'une spirituelle, l'autre matérielle.
L'âme matérielle servait pendant la vie de lien entre l'esprit et le corps. Elle avait ainsi la forme de
la personne animée. Détachée du corps, elle en
conservait la ressemblance. Cette âme ne quittait
point la terre. Des rapports de sympathie l'attachaient même soit aux lieux de la sépulture, soit
aux endroits préférés dans lesquels s'était accomplie son existence visible. Elle continuait d'être
animée par les passions qui avaient charmé ou
tourmenté sa première vie : la haine, l'amour, la
vengeance. Elle voulait du bien ou du mal. Ha-
bitant un monde plus éthéré, elle était sensible à
des impressions délicates qui ne tombent point

sous nos organes. C'était une somnambule lucide.

Lorsque la pythonisse d'Endor évoqua, selon la Bible, l'ombre de Samuel, cette ombre était l'âme matérielle de la personne morte. Ces âmes avaient la faculté de se transporter d'un lieu à un autre avec la rapidité électrique de la pensée. Souvent elles apparaissaient de leur gré aux vivants endormis. C'était pour leur donner la clé d'or des songes. L'avenir était ouvert à leur seconde vue. Ordinairement elles se manifestaient aux femmes, parce que *les femmes sont voyantes*.

L'art d'évocation était fondé sur cette idée que les vivants exercent par la volonté une influence sur les âmes matérielles des trépassés. Cette force et cette domination s'accroissent par l'exercice. Il fallait se placer pour cela dans certaines conditions déterminées. Les rapports avec le monde invisible étaient fermés aux natures communes, qui s'évaporent dans l'action extérieure. La volonté seule appelait l'âme matérielle et la forçait à paraître ; mais cette volonté s'aidait de certaines formules et de certains signes qui lui donnaient pluš de puissance. Ces images de la vie se dessinaient en blanc sur le fond nocturne des évocations : elles avaient le geste, le mouvement, le regard, la voix. Sous cette nouvelle forme, elles continuaient de s'intéresser aux événements de l'humanité. C'était pourtant avec rébellion qu'elles se décidaient à rentrer dans la sphère des choses visibles. Il fallait les attirer par une force intérieure, les *prendre* en quelque sorte *aux cheveux,* comme disent les visionnaires kabalistes, par *la main de la volonté et du commandement.*

Ces ombres étaient tristes. Elles avaient gardé du songe douloureux de la vie une impression sérieuse et froide. « Jamais je ne les ai vues sourire, » dit Flamel qui se flattait d'en avoir évoqué par milliers.

Le sentiment qui les animait le plus fort dans leur existence occulte était un sentiment de justice. Elles venaient demander aux vivants la réparation d'un droit violé, d'un crime impuni. On a parlé d'une ombre de femme qui se plaignait depuis cent ans d'une violence commise sur elle, « et toujours, prédisait malheur à la famille du coupable. » Les âmes des morts souffrent tant que le voile des actions mauvaises n'est pas déchiré et tant que l'auteur du mal n'a pas reçu le châtiment qu'il mérite. Shakespeare a été l'interprète fidèle des croyances de son temps. Je traduis :

HAMLET. — Où veux-tu me conduire? Parle, je n'irai pas plus loin.

L'OMBRE. — Prête-moi toute ton attention. L'heure est presque venue où je dois me rendre au milieu des flammes sulfureuses et tourmentantes.

HAMLET. — Hélas! pauvre ombre!

L'OMBRE. — Ne me plains point, mais prête une oreille sérieuse à ce que je vais te révéler, et sois prêt à me venger, lorsque tu m'auras entendu.

HAMLET. — Te venger!

L'OMBRE. — Je suis l'esprit de ton père. Condamné pour un certain temps à rôder pendant la nuit, et pendant le jour retenu à jeun dans le feu, jusqu'à ce que les crimes commis soient expiés. S'il ne m'était défendu de te dire les secrets de ma prison, je pourrais te raconter une histoire dont les moindres mots déchireraient ton âme, glaceraient ton jeune sang, feraient sortir tes yeux — comme deux étoiles — de leurs orbites, et feraient dresser tes cheveux sur ta tête comme les piquants sur le corps du porc-épic irrité. Mais le récit de cette éternelle angoisse n'est pas fait pour des oreilles de chair et de sang. Écoute! écoute! oh! écoute! si jamais tu as aimé ton père!

HAMLET. — Ciel.

L'OMBRE. — Venge-le sur son meurtrier!

On le voit; la victime portait la peine du

crime commis jusqu'à ce qu'elle eût obtenu réparation. Les ombres des assassins souffraient pour les assassins jusqu'à ce que ces derniers fussent punis. Après la punition du crime, ils rentraient dans le repos silencieux de la nature, ils assistaient à l'ordre invariable des éléments ou se complaisaient dans le spectacle historique du genre humain.

III

La magie, une des branches de la kabale, s'appuyait sur ce principe, que savoir, c'est pouvoir.

Le monde est une grande sympathie.

Étendre la volonté de l'homme sur les agents de la nature, était le rêve de ces initiés aux mystères de l'art occulte. Leurs prétentions offrent des traits frappants de ressemblance avec celles des magnétiseurs. Ils croyaient avoir le secret d'agir sur les éléments, sur les idées des autres hommes. Ce secret était fondé sur une doctrine : ils cherchaient à se mettre en communication avec ces puissances du monde visible. L'art de captiver ces âmes constituait le privilége des savants. Cela leur donnait une supériorité sur les autres hommes, dont ils se flattaient également d'atteindre les désirs et les actes. Selon les initiés, tous les êtres vivants ou même inanimés agissent les uns sur les autres par voie d'attraction. Selon la philosophie des corpuscules, comme on l'appelait, chaque créature est une sphère douée d'un mouvement particulier. Lorsque deux de ces sphères se rencontrent, l'une cherche à attirer l'autre dans le rayon de son influence. La volonté peut accroître la force attractive et expansive des molécules qui flottent autour des êtres organiques et qui constituent, pour ainsi dire, leur atmosphère individuelle. Selon que cette atmosphère est forte ou faible, les êtres entraînent ou sont entraînés. Cette force ou cette faiblesse est d'ailleurs relative : telle personne qui vous attire, sera attirée si elle tombe sous l'atmosphère d'une autre personne douée d'une action plus grande.

La kabale, en donnant une âme, une sphère d'attraction et d'influence à tous les objets de la nature, était sur la voie des évocations. Elle se proposait, en effet, d'accroître et de diriger la communication qui s'exerce à courte distance entre les êtres animés et les êtres inanimés. La création était, selon elle, une grande famille dont les membres, quoique pourvus d'organes et de moyens d'attraction très-différents, ne laissaient point que de s'influencer les uns les autres. L'âme enveloppée des choses était imperceptible et en quelque sorte incomprise jusqu'au moment où la volonté humaine la forçait à se révéler. Certains objets inanimés de la nature témoignaient pour certaines personnes des sympathies ou des antipathies. L'étude de ces lois et de ces rapports devait conduire les kabalistes au but qu'ils se proposaient : la domination du monde matériel, et par l'entremise des choses, la domination des esprits.

IV

Les kabalistes poussaient cette confiance jusqu'aux extrêmes limites : rien ne leur semblait impossible à la raison humaine, par la science et la volonté. Ils allaient jusqu'à croire que l'on pouvait attirer l'âme des morts dans le sein de l'embryon et forcer ainsi leur répugnance pour renouveler la vie. Leur ambition alla plus loin encore : s'imaginant avoir analysé les causes qui président à la naissance des êtres, ils tentèrent de suppléer la nature dans le mystère de ses formations. Faire un homme, ce rêve de Prométhée, fut aussi le rêve des alchimistes. Ayant calculé la somme d'influences célestes qui agissent sur la conception des êtres organisés, ils se flattèrent de diriger eux-mêmes ces influences et de donner une âme à la matière. Cette chimère orgueilleuse occupa les loisirs et les veilles de plus d'un savant. La tradition de la kabale voulait que quelques-uns d'entre eux y eussent réussi. Ces hommes effrayants, nés en dehors des lois de la nature, formés dans le moule de la science et lancés à la surface du globe comme un défi jeté à la puissance créatrice, étaient les protestations vivantes de l'athéisme. Le malheur est que l'existence de ces *androgones* n'a jamais pu convaincre personne, pas même ceux qui passaient pour les avoir faits.

A travers ces fables et ces illusions de l'orgueil humain, il est d'ailleurs facile de saisir l'idée des kabalistes. Le monde n'était pour eux qu'une série de mouvements perpétuels, organisés, périodiques, empreints de fatalité. La science pouvait s'emparer de ces mouvements, de ces combinaisons aveugles, en changer les lois, en suspendre le cours, en régler les conséquences, et imprimer ainsi sa volonté à la nature.

Cette théorie des kabalistes peut être envisagée à deux points de vue : par un côté, elle se rattache au naturalisme; par un autre, au spiritualisme, mais au spiritualisme athée. La volonté humaine et la vie universelle, l'une agissant sur l'autre, tels sont les deux termes sur lesquels s'appuie cette doctrine emphatique, obscure, mystérieuse. Si quelques kabalistes parlent de Dieu, âme de l'univers, ils entendent par là un Dieu sans personnalité, sans conscience de lui-même et de ses actes, sans libre arbitre. La fatalité est au fond de ce système. L'homme lui-même n'est pas le maître de ses actions : il est régi comme toutes les choses sublunaires, par le mécanisme des sphères célestes. Les constellations décident du sort des États, des religions, des sociétés, des grands hommes.

Les âmes sont, d'après la kabale, des existences spontanées. Vieille idée renouvelée. Les âmes errent dans l'infini : unies passagèrement à un corps mortel, quand elles s'en détachent la mort ne rompt pas le lien de leurs rapports avec l'univers ni avec l'humanité. Cette croyance allait jusqu'à autoriser les mariages entre les personnes mortes et les personnes vivantes. Combien de ces mariages consacrés à minuit ! On évoquait la fiancée morte, elle apparaissait, et l'anneau nuptial que présentait le fiancé était à jamais irrétrouvable.

Les kabalistes savaient-ils eux-mêmes que cette croyance à la domination des astres sur les âmes et les âmes sur les constellations célestes est une idée partagée par les mages de l'Orient et par les premiers mystiques chrétiens ? Lisez l'Apocalypse de saint Jean. Dieu permet au grand visionnaire de donner à ses élus un témoignage de son intérêt pour eux. Il leur fera un présent digne de leurs œuvres. Et ce présent, quel est-il ? « Je leur donnerai, dit Dieu, l'étoile du matin ! »

V

Une autre branche de la kabale, mais toujours greffée sur la même tige, était la prescience ou la connaissance de l'avenir. Les hommes les plus éminents de l'antiquité ont subi la croyance aux augures. Les historiens rapportent gravement les signes qui ont précédé les batailles et les événements considérables. Il est maintenant difficile de se faire une idée du sens profond et terrible que les anciens attachaient à cette phrase : « Les présages étaient mauvais. » On a vu des généraux différer le combat sur la foi des signes menaçants et sinistres qui précédaient une action résolue et souvent même engagée. Cette foi reposait sur une doctrine dont les traces se perdent dans la nuit des âges : la solidarité des événements et des organes de la nature. Tous les êtres vivants ou inanimés tiennent les uns aux autres par une chaîne mystérieuse. Le malheur ou le bonheur n'était point un fait individuel : c'était un fait collectif qui intéressait les différentes existences disséminées dans l'espace. Devant l'homme menacé d'une grande infortune, l'âme des choses tressaillait et jetait des cris inarticulés. Comprendre cette langue symbolique était le privilége des hommes exercés aux colloques des créatures. Tous les êtres pensaient, donc ils parlaient. Ce langage était quelquefois muet, c'était le langage des formes. D'autres fois, au contraire, il se manifestait par des bruits que l'expérience rapportait à telle ou telle signification. Les oiseaux qui habitent les régions supérieures de l'atmosphère, passaient pour être plus en communication avec les influences délicates dont le ciel était chargé. Ils trahissaient par leur chant ou leur cri la pensée que l'âme du monde roulait dans l'étendue. Toutes ces voix, les unes sonores, les autres silencieuses, étaient des avertissements de la nature. L'instinct des animaux et des êtres inanimés n'étant point distrait comme l'intelligence de l'homme par le tourbillon de la pensée, saisissait dans la vie universelle des impressions magnétiques et les traduisait à l'oreille ou à la vue exercée des savants.

Ces croyances ont passé dans les mœurs : elles

résistent aux lumières de la philosophie moderne. Le pâtre s'imagine aisément que tout lui parle. Il a d'ailleurs pu s'assurer par son expérience que les animaux et les plantes en savent plus que lui sur le beau temps, sur le mauvais temps, sur le mouvement des saisons. De là une confiance aveugle dans la science des choses. Ce qui prédit le soleil et la pluie ne peut-il point aussi annoncer le bien et le mal ? N'y a-t-il pas une langue d'or au ciel, la langue des étoiles ? Les femmes, en raison de leur tempérament nerveux, de leur immense désir de croire, de leur imagination colorée, se montrent naturellement plus soumises que les hommes à ces superstitions séculaires.

Connaître l'avenir, percer le brouillard qui nous dérobe le secret de la destinée est un appétit du cœur humain, qui se retrouve jusque sous la cabane du sauvage le plus abaissé. Un désir si violent et si universel ne saurait être une mystification de la nature. Elle nous a donné des lumières pour répondre à toutes les ambitions de notre inquiète curiosité. Ne nous aurait-elle trompé que sur ce point ? Aurait-elle créé l'œil de l'avenir pour le couvrir d'un bandeau impénétrable ? Si

nous ne lisons pas ce grand livre ouvert devant
nous dans l'immensité de la terre et des cieux,
c'est que nous ne cherchons pas à épeler l'alphabet du mystère. La volonté humaine qui peut tout,
cette volonté qui commande aux éléments, a également la force d'arracher le secret à la bouche du
sphinx.

Les kabalistes, armés de cette conviction,
avaient donné un sens à toutes les formes visibles
et invisibles de la création. La destinée ! mais elle
est écrite sur la physionomie des astres ; levez les
yeux et lisez. Elle a été tracée par ces mêmes astres dans les rides qui coupent le front de l'homme
et dans les lignes qui sillonnent la main. Écoutez !
elle parle dans le murmure des forêts, elle apparaît dans les songes, elle chuchote dans le frôle-
ment des âmes invisibles qui peuplent l'air insai-
sissable. Ces âmes nous soufflent les pressentiments. Si vous ne les entendez pas, consultez
ceux dont le sixième sens est plus éveillé que le
vôtre aux communications du monde supérieur.
L'avenir n'est un voile que pour ceux dont l'œil
intérieur est éteint. La nature sait tout : l'homme,
par la volonté, est le maître de la nature ; il ne

tient donc qu'à eux de trouver le mot de l'énigme.

Les âmes des personnes mortes ou sur le point de mourir ont — toujours selon les kabalistes — une tendance naturelle à annoncer leur départ de ce monde. La distance n'est pas un obstacle ; car l'espace est une illusion des organes ; l'espace n'existe point. L'âme se présente aux personnes qu'elle aime. Si cette présence n'est pas sentie de tous les hommes vivants, c'est que leur seconde vue est masquée par le brouillard des impressions toutes matérielles. Les voyants, eux, ne s'y trompent pas. Où d'autres ne perçoivent qu'un souffle de vent, une feuille remuée, ils reconnaissent, en certains jours, l'émotion d'une âme qui palpite.

De grands hommes ont vécu sous cette obsession des esprits invisibles. Le mathématicien Cardan raconte comment les événements de sa vie lui ont été annoncés par des songes, par des présages, par des apparitions, par son génie familier, par le mouvement des étoiles. Ses confessions présentent une des plus curieuses études physiologiques. Il se croyait pourtant un esprit fort, cet homme de chiffres.

VI

On est libre de voir dans les rêves de la kabale le délire de la jeune science qui jette son feu. Il en est de la science humaine comme de la philosophie : elle devient plus timide au fur et à mesure qu'elle se montre plus éclairée. Dans l'enfance des études, lorsque la limite des connaissances n'est point fixée, l'orgueil est extrême et l'esprit croit pouvoir escalader le ciel avec très peu de lumières acquises. Plus tard, au contraire, la science devient trop timorée; elle avait exagéré l'audace, elle exagère maintenant la défiance. Tout ce qui ne tombe pas sous les règles de la démonstration est relégué par elle sans pitié dans le domaine des chimères. Il serait temps d'aborder une direction plus utile et plus sérieuse. La matière a des propriétés que nous ne connaissons point encore; l'esprit a des forces qui n'ont point été essayées. Si les initiés aux sciences occultes plaçaient trop haut et dans une sphère inaccessible l'idéal des connaissances humaines, les savants actuels le placent trop bas et dans un cercle trop limité. Le xviie siècle a aussi ses sciences occultes : qui sait si elles ne dépasseront ses sciences exactes? Il en est du somnambulisme artificiel comme des aérostats. On n'a pas découvert jusqu'ici le moyen de les diriger; mais rien ne prouve que ce moyen ne se trouvera point. Le fantôme des choses apparaît souvent à l'intelligence humaine, avant les choses elles-mêmes.

A l'heure qu'il est, les savants confessent à chaque pas leur ignorance, je les en félicite; mais je les blâme d'ériger cette ignorance en principe. Ils saisissent des phénomènes, mais la cause de ces phénomènes? Ne leur demandez ni le pourquoi ni le comment des actions naturelles qu'ils analysent, leur visage se couvrirait aussitôt d'un nuage magistral et ils vous renverraient aux âges fabuleux de la science. Ces âges fabuleux ont abusé sans doute des conjectures; mais c'est abuser aussi de la prudence et se défier par trop de la pénétration humaine que de circonscrire l'étude de la nature à la recherche des faits. La nature ne nous a point dit son dernier mot; on ne le lui a pas même demandé. Tourmenter la matière sans remonter à la force divine qui l'anime, c'est interroger un cadavre.

Il est plus facile de nier le rapport des esprits avec la matière que de le démontrer. Les connaissances humaines seront toujours baignées de lumières et d'ombres tant que, coupées en deux — la foi et la philosophie d'un côté — les sciences physiques de l'autre, — elles marcheront solidairement et à tâtons vers ce soleil central dont la lumière éclaire les profondeurs du laboratoire de la nature. Les illuminés du moyen âge avaient du moins cette supériorité que s'ils n'ont pas fait de la science, ils ont fait de la poésie. Le sentiment les a entraînés dans la sphère des illusions; mais les illusions sont les enfants perdus de la vérité. C'est en faisant l'école buissonnière dans les sentiers de l'inconnu que des grands hommes ont trouvé des sources vives et nouvelles où l'humanité se désaltère. N'oublions pas que Képler était un astrologue.

La science actuelle est ennemie des chimères; elle déclame avec une verve intarissable contre le merveilleux. Soit. Mais n'autorise-t-elle pas elle-même, par son silence et sa réserve, les aspirations du mysticisme? Tant qu'elle n'aura point répondu à ces questions premières qui obsèdent la conscience humaine : « D'où suis-je? Où vais-je? » elle n'empêchera pas les esprits impatients et curieux de reprendre, selon la forme de chaque siècle, le chemin ténébreux des sciences occultes. C'est l'abyme de la raison, mais Shakespeare a dit : Les grandes pensées naissent sur les abymes.

IV

LES HALLUCINÉS.

I

Quel voyage autour du monde de l'esprit, autour de tous les mondes, que ce voyage à la recherche de la vérité dans le pays du rêve, de l'inconnu, de la contemplation ! Que de terres inabordables, terres de feu et terres de glace, où ont échoué les plus hardis navigateurs !

La carte de l'âme n'est pas encore dessinée. L'Église seule a marqué sous le pied de ses prophètes les points lumineux. La philosophie a passé ses plus beaux jours à bâtir et à renverser le château de cartes de son imagination. Qu'on s'aventure en compagnie de Socrate ou de Platon, de Descartes ou de Newton, on s'en reviendra sur les rivages après tous les naufrages de l'esprit.

Si on frappe à la porte des peuples primitifs, si on pénètre leur croyance à travers les ténèbres du passé, on retrouve partout ce rayon divin de l'immortalité, cette foi profonde en l'esprit de justice qui récompense ou qui punit. Quel que soit l'autel, c'est le même culte. Il est même étrange de retrouver pour ainsi dire aux deux bouts du monde de frappantes similitudes. Par exemple : ne dirait-on pas que les Persans et les Gaulois vivaient en voisinage? Le mage est un druide, le druide est un mage; les uns comme les autres ont séparé le ciel et la terre, c'est-à-dire que leurs dieux n'avaient pas, comme en d'autres pays, l'origine humaine; les uns et les autres étaient en même temps ministres de leur religion; ministres de l'État, ministres de la justice. Les Perses adoraient le feu, les druides entretenaient dans leurs forêts la flamme éternelle. Ils ne revêtaient que des robes blanches, proscrivant tous les ornements et toutes les couleurs pour leur culte et leur mission.

Ils prêchaient l'immortalité de l'âme. Par malheur, ils altérèrent par la magie cette sagesse primitive; la divination étouffa le sentiment. Heureux les simples d'esprit, le royaume des cieux est à eux. A force d'art, l'art est banni. Quand on cherche trop on perd tout.

Ossian tout démodé qu'il soit mérite pourtant d'être écouté quand il parle des religions du nord. Selon lui les nuages étaient le séjour des âmes après le trépas ; l'héroïsme et la vertu avaient droit de cité dans les « palais aériens » de leurs pères ; les lâches et les misérables étaient condamnés aux vents des tempêtes. On n'avait d'ailleurs rien inventé pour les joies du monde futur : les palais aériens n'offraient que les bonheurs connus sur la terre.

Quoique le pouvoir des âmes fût borné au gouvernement de l'empire du ciel, on croyait que la mort n'avait pas tout rompu. Les ombres descendaient, spectatrices curieuses, pour assister aux événements heureux ou malheureux de leurs amis. Aussi les vivants avaient-ils le culte des morts. Ils allaient la nuit écouter la voix des torrents, les échos de la mer, le murmure des fontaines, la symphonie des forêts, espérant traduire la pensée des morts. Les pressentiments nocturnes étaient de mauvais présages, les pressentiments du matin

annonçaient la joie. Car le jour aussi on consul-
tait les morts : en étudiant les nuages, on y reconnaissait les figures familiaies qui passaient légères
et souriantes. On ne doutait pas que les femmes
n'habitassent le ciel dans leur souveraine beauté.
Ç'a été le règne des fantômes : chaque homme
croyait à son ombre tutélaire. Au lieu d'avoir sa
conscience en lui, il la sentait, fidèle compagne,
qui le précédait ou le suivait partout. C'était un
esprit protecteur qui enseignait le bien et qui
défendait du mal. La mort avait toutes les solennités des épouvantes. Elle vous avertissait par
des apparitions. Les armes de la maison se tei-
gnaient de sang, les chiens poussaient des hurle-
ments lugubres, l'esprit de la montagne criait par
la voix de l'écho, les harpes éoliennes chantaient
des airs prophétiques.

Ces croyances des peuples du nord se sont ef-
facées sous le regard railleur du scepticisme moderne, mais tel qui en rit tout haut retrouve dans
la solitude le mélancolique effroi des visions, tant
il est vrai que tout le monde croira toujours à la
vie dans la mort. Ce sentiment est encore une des
marques de l'immortalité de l'âme.

On sait la mythologie celtique, on connaît les douze dieux et les douze déesses de l'Edda, on a salué les vierges du Valhalla, on a écouté l'oracle de la prophétesse du nord. La terre obéissait aux dieux, chaque homme avait sa vierge ou sa fée protectrice qui assistait à sa naissance, qui veillait sur lui et qui marquait le jour de sa mort. La fatalité antique s'appelait ici la prédestination. Aussi, puisque la mort de tout homme avait sa date écrite d'avance, tout soldat était un héros. Jamais peuple ne fut plus téméraire dans sa vaillance.

On croyait même qu'à l'heure de la mort, on pouvait racheter sa vie par le sacrifice d'une autre.

Mais cette page de l'Edda peint toute cette religiosité :

« Il viendra un temps, un âge barbare, un âge
« d'épée, où le crime infestera la terre, où les
« frères se souilleront du sang de leurs frères, où
« les fils seront les assassins de leurs pères, et les
« pères de leurs enfants, où personne n'épargnera
« son ami. Bientôt après un hiver désolant sur-
« viendra, la neige tombera des quatre coins du
« monde, les vents souffleront avec fureur, la ge-
« lée durcira la terre, trois hivers semblables se

« succéderont sans qu'aucun été les tempère. Alors
« il arrivera des prodiges étonnants ; les mons-
« tres rompront leur chaîne et s'échapperont, le
« grand dragon se roulera dans l'Océan, et par
« ses mouvements la terre sera inondée, les ar-
« bres seront déracinés, les rochers se heurteront ;
« le loup *Fenris,* déchaîné, ouvrira sa gueule
« énorme, qui touche au ciel et à la terre ; le feu
« sortira de ses naseaux et de ses yeux ; il dévo-
« rera le soleil, et le grand dragon qui le suit
« vomira sur les eaux et dans les airs des torrents
« de venin. Dans cette confusion les étoiles s'en-
« fuiront, le ciel sera fendu, et l'armée des mau-
« vais génies et des géants, conduite par leurs
« princes, entrera pour attaquer les dieux ; mais
« *Heimdal,* l'huissier des dieux, se lève, il fait
« résonner sa trompette bruyante ; les dieux se
« réveillent et se rassemblent ; le grand frêne
« agite ses branches ; le ciel et la terre sont pleins
« d'effroi. Les dieux s'arment, les héros se ran-
« gent en bataille ; *Odin* paraît revêtu de son cas-
« que d'or et de sa cuirasse resplendissante ; son
« large cimeterre est dans ses mains ; il attaque
« le loup *Fenris ;* il en est dévoré, et *Fenris* pé-

« rit au même instant. *Thor* est étouffé dans les
« torrents de venin que le dragon exhale en mou-
« rant. Le feu consume tout, et la flamme s'élève
« jusqu'au ciel ; mais bientôt une nouvelle terre
« sort du sein des flots, ornée de vertes prairies ;
« les champs y produisent sans culture ; les cala-
« mités y sont inconnues ; un palais y est élevé,
« plus brillant que le soleil, et couvert d'or. C'est
« là que les justes habiteront et se réjouiront pen-
« dant les siècles. Alors le *puissant*, le *vaillant*,
« *celui qui gouverne tout*, sort des demeures
« d'en haut pour rendre la justice divine ; il pro-
« nonce ses arrêts ; il établit les sacrés destins qui
« dureront toujours. Il y a une demeure éloignée
« du soleil, dont les portes sont tournées vers le
« nord ; le poison y pleut par mille ouvertures ;
« elle n'est composée que de cadavres de ser-
« pents ; des torrents y coulent, dans lesquels
« sont les parjures, les assassins et ceux qui sé-
« duisent les femmes mariées ; un dragon noir et
« ailé vole sans cesse autour, et dévore les corps
« des malheureux qui y sont renfermés. »

En tous ces nuages ne voyez-vous pas resplen-
dir l'immortalité de l'âme ? C'est qu'en effet les

Scandinaves avaient prêché ce dogme consacré
par la religion : la justice par les dieux et chez
les dieux. Toutes les races celtiques s'agenouil-
laient dans cette idée et dans ce sentiment.

II

J'étudierai Swedenborg dans ses nuages, par
ce que c'est le dernier venu parmi les chercheurs
sinon parmi les voyants.

Celui qui irait de Platon à Swedenborg —
l'aube et la nuit, — n'aurait-il pas sous ses yeux
tous les rayons et toutes les nuées qui ont agité
sans la féconder l'idée de l'âme ?

L'ÉGLISE des Swedenborgiens fondée sur le sable a pourtant des racines dans la science et dans
la philosophie. Elle chancelle devant l'œil de la
raison, mais son clocher se perd dans le ciel et
montre Dieu du doigt.

Swedenborg est venu trois siècles trop tard *.

* Emmanuel Swedenborg naquit à Stockholm le 29 jan-
vier 1688. Le nom de son père était Jesper Swedberg, et ce-

C'est un homme du moyen âge avec sa figure à deux faces : celle du savant et celle de l'illuminé.

Son dogme, révélation du monde invisible, place au seuil de l'autre vie le phare de la parole évangélique et apocalyptique, interprétée·par les visions du maître. Si l'on y réfléchit, on trouve que la doctrine de Swedenborg ne diffère pas

lui de sa mère Sarah Behm. Son père était chapelain d'un régiment de cavalerie. Après avoir passé par différentes charges, après avoir été professeur de théologie à l'université d'Upsal, Jesper Swedberg fut élevé en 1719 à la dignité d'évêque de Skara. Ce fils Emmanuel avait, comme on voit, du sang sacré dans les veines.

Sur l'enfance de Swedenborg nous avons peu de renseignements. En 1710, il avait terminé le cours de ses humanités et de ses études scolastiques. Il passa de l'école des maîtres à celle des voyages. L'Allemagne, l'Angleterre, la Hollande, la Belgique, la France le virent pendant quelques années parcourir, observateur silencieux et grave, les grandes routes plantées d'arbres et les chemins battus de la science. Il était un peu poëte : — assez pour donner de la couleur à ses rêveries — pas assez pour obscurcir par la recherche de la forme son penchant au merveilleux. On a conservé quelques petits poëmes écrits dans ses voyages.

A son retour en Suède, il prit la rédaction en chef, comme on dirait maintenant, d'un ouvrage périodique intitulé *Dædalus hyperboreus*. C'était déjà la recherche de l'infini dans le chemin du ciel.

La renommée lui vint bien vite. Mais comme cortége accoururent naturellement l'envie, la critique, l'incrédulité. Les persécutions commencèrent. Les idées de Swedenborg beaucoup de presque toutes les doctrines philosophiques, de la croyance des poëtes et du sentiment « féminin » de l'humanité sur les destinées de l'âme.

M. le vicomte de Falloux a dit à propos de Cagliostro et de Swedenborg : « Le siècle qui ne croyait plus en Dieu se hâtait de prêter foi à tous les charlatans de l'Europe. Croire, destinée évidente de l'homme, tendance invincible de son esprit qui s'attache au faux, quand on lui dérobe

n'étaient pas orthodoxes. De quel droit cet homme se permettait-il de forcer les portes des mondes invisibles dans lesquels les ministres officiels des différents cultes n'étaient point admis ? Le vieillard jugea à propos de quitter la Suède. Comme tous les génies persécutés du xviiiᵉ siècle, il vint chercher un refuge en Hollande. Là, ce grand illuminé fut l'objet d'une attention particulière. C'était à qui le visiterait ; on regardait comme une bonne fortune de l'avoir à sa table. Son extérieur n'avait rien de raide ni d'austère. Sa physionomie était agréable et souriante. On voyait reluire dans ses yeux la lumière d'un autre monde. On m'a montré à Paris un portrait mal peint mais expressif de cet illuminé. Le front est élevé, le nez long, la bouche bien ouverte, les yeux bleus et fixes. Cette tête a un air de famille avec toutes les têtes philosophiques.

En 1771, le jour de Noël, Swedenborg fut frappé d'une attaque d'apoplexie : il resta pendant trois semaines dans un état léthargique au péristyle de la mort. Il mourut — je veux dire il partit — à quatre-vingt-quatre ans.

le vrai, et saisit le fantôme quand on lui enlève la réalité. » Belle parole, mais il est injuste de confondre Swedenborg avec les charlatans du XVIIIe siècle comme Cagliostro. Et, d'ailleurs, saisir le fantôme quand on perd la réalité, n'est-ce pas encore un chemin perdu de la foi ?

Comme tous les prophètes de l'immortalité, Swedenborg croit à une continuation de l'existence, à la perpétuité du MOI, au développement des facultés acquises sur la terre, c'est-à-dire à l'âme plus vivante dans la mort. La perpétuité de l'âme humaine est pour Swedenborg un fait d'histoire naturelle. Pour lui, mourir, ce n'est pas renaître, c'est continuer de vivre. A ces croyances, aussi anciennes que l'humanité, il ajoute seulement l'illumination des sens. Somnambule lucide de l'éternité, il voit par delà le temps ce qui se passe dans les espaces célestes. Swedenborg n'est du reste pas le seul qui ait placé chez l'homme un œil intérieur. Tous les visionnaires partagent sa confiance. Cet œil s'ouvre ou reste fermé durant la vie, selon les impénétrables desseins de la Providence. Ceux chez lesquels il s'ouvre sont les initiateurs et les voyants : ils rapportent les grappes de la Terre promise.

Swedenborg était fils d'un évêque qui avait fait le tour de toutes les théologies ; aussi, comme on a dit, Swedenborg avait-il du sang sacré dans les veines. Charles XII, regardant sa jeune figure, ne lui dit pas : « Enfant, tu seras roi ! » mais il lui dit : « Enfant, tu seras homme ! »

Cette belle figure s'étiola et se flétrit sous la science, comme ces fleurs hâtives sous le premier soleil du printemps, quand la nature ne verse pas encore les généreuses rosées, quand les arbres, ces éventails des roses, ne les protégent pas par leurs fraîches ramées.

Ce fut l'amour plutôt que la science qui fit de Swedenborg un illuminé. Tout homme doit être étudié dans sa jeunesse : Voyons ce roman. Charles XII avait dit à son favori, le comte Polheim : « Tu as deux filles, tu en donneras une à un de mes pages, qui sera toujours un fou; tu donneras l'autre à Swedenborg, qui sera toujours un sage. » Le favori obéit. Il maria l'aînée au page, et comme la cadette était trop jeune, il signa un contrat à Swedenborg, que Charles XII parapha de sa main royale. Swedenborg prit le papier comme une promesse du ciel, il le mit dans une Bible et enferma la Bible dans son secrétaire. Il disait : « Mon bonheur est enfermé là ! »

Une nuit, car il veillait déjà, il prit la Bible ; il lui sembla qu'il voyait apparaître la belle figure d'Émerencia. C'était une de ces blanches beautés du Nord, qui semblent faites de neige et de rose, presque une vision, tant elles ont pris la légèreté et la blancheur des anges. Mais, sous cette enveloppe tout aérienne, il y a toujours la femme, une créature où le diable a sa part comme Dieu lui-même. Swedenborg pâlit en voyant apparaître, — vague souvenir de son esprit, — Émerencia. Il lui sembla qu'elle pleurait ; il ouvrit la Bible et vit une miniature représentant Madeleine. « C'est étrange, dit-il, Madeleine qui naît dans le pays du soleil, Émerencia qui naît dans le pays de la neige, c'est la même figure couronnée de cheveux blonds. » Et il chercha la promesse du comte Polheim. Quelle ne fut pas sa surprise de voir l'écriture effacée sur ce papier qu'il reconnaissait bien ! Vainement il le mettait sous la lampe, il ne retrouvait pas un mot. Il le replia et se promit d'aller trouver le comte pour lui demander le mot de ce mystère. S'était-on servi d'une de ces encres « sympathiques » qui ne durent qu'un temps ?

On frappa à sa porte. Qui pouvait venir si tard ? C'était le frère d'Émerencia. « Mon ami, dit-il à Swedenborg, je viens au milieu de la nuit pour vous demander une grâce. — Je vous l'accorde, dit Swedenborg. — Vous savez que ma sœur vous est promise ; mais elle ne vous aime pas. Elle est désespérée, elle parle de mourir. — Mourir ! dit Swedenborg, c'est qu'elle en aime un autre. »

Quoique illuminé, il parlait en philosophe. Il mit sa tête dans ses mains et rêva à cette image déjà fuyante de son bonheur. « Vous pleurez, Swedenborg ? — Oui, parce que je vois d'ici Émerencia qui s'appuie amoureusement sur le cœur d'Adlersfeld. — Oui. Elle aussi, elle aime un page du roi. — Oh ! dit Swedenborg tristement, la force de la folie sur la sagesse ! voilà ce qui mène le monde. »

Il rouvrit la Bible et prit la promesse. « Du reste, dit-il, vous allez être bien étonné de voir que l'écriture de votre père est aujourd'hui effa-cée. Ne semble-t-il pas que ce soit le jeu de la destinée? » Swedenborg rouvrit le papier. « C'est impossible! » dit-il en pâlissant.

L'écriture avait reparu. « Nous ne sommes pas le jouet de la destinée, dit le frère d'Émerencia, mais vous êtes le jouet d'un songe. Si vous aviez couru le monde au lieu de courir les livres, vous n'en seriez pas là. Et qui sait si ma sœur ne vous eût pas aimé? »

Swedenborg le visionnaire part de là. « Malheur à l'homme seul! » dit l'Écriture. La femme est la raison de l'homme; si c'est la femme qui montre le chemin du ciel, c'est la femme qui retient sur la terre. Voilà pourquoi le mariage est une institution divine.

Tournez la première page de la vie de Swedenborg, sur la seconde page du livre tout est changé. Vous avez laissé cet homme dans le cercle des choses créées, dans le monde des réalités sensibles, dans le domaine de la raison unie à la foi, vous le retrouvez dans les visions de l'infini, hors des limites de l'univers, hors de la science humaine, hors de tout, si ce n'est de Dieu. Un abîme sépare les deux moitiés de cette longue existence. Et quel abîme! l'éternité. Il pensait, maintenant il voit ; il raisonnait, à présent il contemple ; il cherchait, désormais il a trouvé. Les choses lui apparaissaient dans une lumière nouvelle. Transfiguré, il assiste, lui vivant, aux mystères des autres mondes ; il découvre ce que les morts découvrent à peine dans les profondeurs silencieuses et rayonnantes de la tombe ; va-t-il dérober le secret des cieux ? œil spirituel, son œil intérieur s'est ouvert.

La vie méditative de Swedenborg avait bien pu le préparer à son introduction dans le monde surnaturel ; mais cette admission aux chœurs des esprits célestes n'en eut pas moins le caractère d'un événement soudain. Émerencia fut le point de départ.

Quelques historiens ont cherché à établir un lien entre ces deux existences. Ils ont voulu expliquer, d'après un ordre providentiel, la croissance de cette vie mystique, l'engendrement de ces deux hommes, dont l'un serait, suivant eux, la continuation de l'autre. A quoi bon ? Swedenborg, lui, n'a nullement pris cette peine-là. Il raconte simplement comment il est passé tout à coup, — par Émerencia, — de ses anciennes études à une révélation nouvelle. « J'ai été appelé, dit-il, à une sainte et grande mission par Dieu lui-même, qui m'a ouvert le monde spirituel. »

Swedenborg apprit l'hébreu, afin de bien lire la Bible. Ce qu'il voit lui paraît si nouveau et si étrange à lui-même, qu'il rédige le journal spirituel de sa vie. Dans les mémoires de cet illuminé, vingt années de sa vie sont racontées presque jour par jour. Vous lisez, traduites en langage humain, ses conversations avec les anges et les démons. Vous y trouvez une peinture de leurs plaisirs, de leurs châtiments, de leurs mœurs ; vous entrez en communication avec leurs pensées. Swedenborg n'a pas seulement des entrevues avec les esprits, il entretient des rapports avec beaucoup d'hommes fameux de l'antiquité ou des temps modernes. Il réforme ainsi ses jugements : la mort illumine sa vie. Sa main arrache à quelques-uns de ces morts illustres le masque de vertu qui les couvre aux yeux de l'histoire. Au contraire, il écarte de quelques autres le manteau d'infamie que les préjugés ont jeté sur leurs épaules. Toutes ces singulières visions donnent une figure de réalité au dogme de l'immortalité de l'âme. La vie, après la mort, est en quelque sorte portraite dans ces pages étranges, avec toutes les austères couleurs d'une chose qui a posé devant les yeux de l'artiste. Il veut que tout s'impose à vous avec l'autorité d'un fait matériel. L'auteur ne vous dit pas : — Je crois ! — il dit : — J'ai vu !

Aux yeux de la médecine et de la physiologie, Swedenborg se trouve bien vite jugé. Sa place est marquée parmi les hallucinés ; comme eux, il a pris pour des réalités les rêves de son âme. Aux yeux des surnaturalistes, la question est moins simple. En vain quelques théologiens ont-ils soutenu que le temps des visions était passé ; que Dieu ne faisait plus aux hommes de semblables faveurs ; que la religion étant fondée, il n'y avait plus sujet d'introduire l'intelligence humaine dans les secrets du monde invisible. Ces objections n'ont rien de solide. Si le sens spirituel est une faculté inhérente aux premiers hommes, aux anciens prophètes, aux saints du Nouveau Testament, il n'y a vraiment aucune raison pour que cette faculté se soit éteinte dans les temps modernes. Ce que Dieu a fait, il peut le faire encore. Limiter le don de clairvoyance à certaines époques, à certaines communions religieuses, à certains âges de l'humanité, imposer à l'action divine des conditions et des règles, c'est là une prétention contre laquelle s'élève la logique. Du moment où l'on admet dans quelques hommes une seconde vue, on doit forcément reconnaître que le même sens existe au moins en vagues étincelles chez les autres hommes *.

* Le Swedenborg de Balzac, rapproché du Swedenborg de l'histoire, devait, sinon tuer ce dernier, au moins le diminuer effroyablement. En effet, Balzac, de la *donnée* angélique du mystique Suédois, fit jaillir cet Androgyne inouï de Séraphitus-Séraphita, comme vous n'en trouverez, certes! pas un second dans tout le ciel de Swedenborg, et cette poésie d'une originalité incomparable, à laquelle il ne manque que le rhythme pour être, dans tous les sens du mot, le plus beau poëme qui soit jamais sorti d'un cerveau humain, ternit et effaça, d'un trait, à force de lumière et d'idéale beauté, ces inventions de Swedenborg, d'une ingéniosité bizarre, mais qui, par le relief, la couleur, le détail, — tout ce qui constitue la poésie, — n'étaient guère, en somme, que les souvenirs déteints de la littérature, biblique ou chrétienne.

Avant Swedenborg, il y avait dans le monde toute une filiation de mystiques, de têtes frappées de visions, même parmi les philosophes. Il y avait le sceptique et méthodique Descartes, Mlle Antoinette Bourignon, Mme Guyon, et à Londres, Pordage et Jane Leade; mais il faut insister surtout sur Descartes, à qui Dieu se révéla, le 10 novembre 1619, « au milieu des explosions et des étincelles, » pour lui enseigner le chemin de la science, comme il se révéla à Londres à Swedenborg en avril 1745, pour lui découvrir le vrai sens des

Je ne m'arrêterai point un instant à la question de bonne foi. Le caractère de Swedenborg était trop honorable pour qu'on lui suppose l'intention d'avoir voulu tromper ses contemporains, sans se vouloir tromper lui-même. Personne n'a d'ailleurs élevé de doute sérieux à cet égard. Swedenborg a certainement cru voir tout ce qu'il raconte. Ceci dit, examinons ses doctrines sur la vie future.

III

Cette grande nature du Nord *, avec ses fauves rochers dont la mer en ses agitations bat et caresse les cimes et les échancrures, avec ses noires forêts de sapins, avec sa végétation ensevelie durant huit mois de l'année sous la neige, est un cadre mer-

textes sacrés. Têtes anarchiques, orgueilleuses, profondément troublées, dont Swedenborg fut la dernière, marquée à un coin plus énergique et plus mordant ! JULES BARBEY D'AUREVILLY.

* J'ai toujours admiré comment Balzac a décrit, sans les avoir vus, les sites sauvages de la Norwége et de la Suède. Balzac fut un extra-voyant.

veilleusement approprié aux solennelles et fantastiques visions de l'autre monde. C'est là que devait naître Swedenborg. Si l'ange du mysticisme descend quelquefois sur la terre, c'est sur ce sombre piédestal de granit, au bord des mers tourmentées, dans ce ciel gris et peuplé par les oiseaux de l'abîme, qu'il doit poser ses pieds blancs et délicats. Swedenborg, encore enfant, se promenant sur ces rivages escarpés, a sans doute rencontré sur les mousses centenaires les traces de ces pieds silencieux : il a vu flotter dans les nuages un pan de tunique sacrée ; il a découvert dans le miroir des criques l'ombre de cette figure voilée : de là ses contemplations surnaturelles.

Swedenborg distingue dans l'histoire du genre humain trois états successifs : 1º la vie ; 2º un état intermédiaire qui suit immédiatement la mort ; 3º l'immortalité.

La vie n'est point un fait limité à notre planète ; elle se trouve au contraire répandue dans les mondes, ou, comme il les appelle, dans les terres qui flottent au sein de l'espace. Ceci n'est point une simple opinion de sa part : Swedenborg ne conjecture pas, il a vu. L'existence de la pluralité des mondes lui a été révélée par les habitants de ces mondes eux-mêmes. Il les a entendus parler ; il nous raconte purement et simplement ce qu'ils lui ont dit. Swedenborg — je demande qu'on remarque ceci — porte jusque dans ses visions la méthode des naturalistes. Il compare les éléments du vrai et du faux, il analyse les caractères et fonde tous ses jugements sur l'expérience. On peut sans doute regarder ses sensations comme chimériques et illusoires, mais pour Swedenborg ainsi que pour tous les illuminés, ces perceptions sont des faits matériels, et c'est sur ce sable mouvant qu'il élève toute sa doctrine : « La divine miséricorde m'a ouvert le monde des choses intérieures : en conséquence, il m'a été donné de converser non-seulement avec les esprits et les anges qui sont sur notre terre ; mais aussi avec ceux qui sont dans les planètes. J'avais depuis longtemps le désir de savoir s'il existe d'autres terres que la nôtre et de connaître la nature de leurs habitants : cette grâce m'a été accordée. Dieu m'a permis de discourir avec les esprits et les anges qui sont dans les autres astres. J'ai conversé avec quelques-uns d'entre eux pendant un jour, avec quelques autres pendant une semaine, avec d'autres enfin pendant un mois. Ils m'ont instruit sur la nature des terres auxquelles ils appartiennent, sur la vie, les coutumes et le culte des habitants. Je ferai observer que ces esprits et ces anges sont tous de race humaine, qu'ils habitent près de leurs terres respectives ; que l'homme peut être enseigné par eux, si son sens extérieur est suffisamment ouvert. Dans ce cas, il peut en effet communiquer avec eux, comme l'homme avec l'homme, privilége qui m'a été accordé chaque jour depuis douze années. »

Il y a plusieurs mondes, et sur chacun de ces mondes demeurent des hommes, des esprits et des anges. La race humaine, loin d'être confinée, comme on le croit généralement, à notre terre, s'étend au contraire dans une multitude innombrable de globes, dont l'ensemble constitue l'univers. Ce fait a été confirmé à Swedenborg par le témoignage du sens intérieur. Les esprits de ces mondes s'étonnent beaucoup de notre manière de voir à cet égard. « Comment les hommes peuvent-ils croire, disent-ils, que de si grandes masses de matière, dont quelques-unes excèdent plusieurs milliers de fois la grandeur de notre planète, soient des masses vides et inhabitées, créées uniquement pour accomplir leurs aveugles révolutions autour du soleil et pour envoyer un faible rayon de lumière en faveur d'une seule terre? »

Le ciel étoilé, ajoute Swedenborg, est immense et les étoiles qui le peuplent sont innombrables : chacune d'entre elles est un soleil, et comme notre soleil, elles ont autour d'elles des planètes, lesquelles ont des satellites : — tout cela est habité. Ce visible univers est, avec ses différentes terres et les différentes humanités qui vivent sur elles, la pépinière du royaume céleste.

Toutes ces humanités éparses, jetées de distance en distance sur des mondes énormes, séparées par des millions de lieues, communient à travers le temps et l'espace à la même foi religieuse. Il existe une doctrine unique, vieille comme l'univers, qui règne dans l'immensité. Les habitants de toutes ces terres reconnaissent l'unité de Dieu, la divinité du Verbe, l'immortalité de l'âme ; ils ont des prêtres et des temples dans lesquels s'enseignent, avec des variantes, les mêmes dogmes essentiels. Ils savent que Jésus-Christ est né sur notre terre. Il n'est d'ailleurs point venu uniquement pour les hommes de notre monde. Son sang a coulé sur toutes les humanités qui s'échelonnent et se superposent dans l'univers. Cette religion universelle, admise par toutes les églises du ciel étoilé, est la seule vraie, selon l'apôtre Swedenborg.

IV

Jusqu'ici, c'est l'état de la première vie ; mais cette vie n'est autre chose qu'une préparation à la mort, et la mort n'est que le commencement d'un autre mode d'existence. Or voici maintenant la seconde destinée de l'homme.

Ce second degré de la vie est ce que Swedenborg appelle le *monde des esprits*.

Le monde des esprits n'est ni le ciel ni l'enfer : c'est un état de choses intermédiaires dans lequel nous entrons immédiatement après la mort. La mémoire, la pensée, l'affection, tous les sentiments que l'homme a eus dans le monde qu'il habitait restent après la mort, gravés dans sa nouvelle existence. Il n'a rien laissé derrière lui que son corps. Autrement il emporte avec lui tout ce qui le constituait comme individu.

Les hommes, après leur mort, restent dans le monde des esprits un certain temps qui est limité par la nature et les conditions de leur vie précédente. Ce monde des esprits est une école dans laquelle s'accomplit le progrès qui doit faire de l'homme un ange. Les esprits intermédiaires ne sont point exempts de troubles ni de tentations. Ils souffrent jusqu'à ce qu'ils aient rejeté tout ce qu'ils ont emporté d'impur en sortant de la première vie.

Ces conditions ne sont point particulières à notre monde. Quoique sur notre terre habite la plus mauvaise portion de l'humanité, la plus sensuelle, la moins abondante en intelligence, les autres ne sont point exempts du mal, et par conséquent de la souffrance. Les conséquences de cette imperfection s'étendent plus ou moins profondes, plus ou moins graves, à tous les hommes de l'humanité, après la mort. Il faut qu'ils rentrent dans l'ordre, avant de passer à un autre état. Le monde des esprits est donc une sorte de purgatoire, mais bien différent du purgatoire des catholiques, puisque tous les morts le traversent.

Swedenborg ne damne aucune croyance. Les hommes de toutes les religions, les païens, les mahométans, les Indiens, les Chinois, les sauvages peuvent être sauvés. Seulement ils passent un temps plus ou moins long, dans le monde des esprits, à se dépouiller de leurs erreurs.

Les liens que ces esprits ont contractés durant leur vie mortelle avec les autres hommes, ne se trouvent pas brisés par leur transformation. Ils continuent d'errer autour du monde qu'ils habitaient. L'air qui nous entoure, nous autres hommes, est plein de ces esprits. Nous sommes, sans le savoir, en communication avec eux ; nous recevons d'eux nos pensées et nos sentiments. « C'est une grande erreur, dit Swedenborg, de croire que l'âme existe seule et indépendante d'autres influences. Placez un homme dans l'île la plus déserte, il n'y sera pas seul. Autour de lui, autour de son âme, voltigent les esprits de ceux qui ont vécu avant lui sur le globe, qui ont

aimé comme il aime, qui ont pensé comme il
pense. »

Une autre erreur que Swedenborg s'attache à
réfuter est la croyance des chrétiens en un jugement dernier. Suivant Swedenborg, ce jugement
a eu lieu : il s'est fait en 1757. Vous allez, peut-
être, dire qu'il s'est fait sans un grand bruit de
trompettes. Cela est vrai ; mais tout en vénérant
l'Apocalypse comme un livre inspiré et tout en
le commentant avec enthousiasme, Swedenborg
donne à cette figure du Jugement dernier un sens
tout à fait spirituel. « Le jour du jugement dernier, dit-il, ne signifie point la destruction du
monde. Jamais le ciel visible ni la terre habitée
ne seront détruits. La raison de cette éternelle
durée est que le ciel des anges est formé avec la
race humaine. Tous les anges ont vécu de la vie
des hommes. Aucun d'eux n'a été créé de prime-
saut dans cet état. La perfection du ciel s'accroît
dans toute l'éternité de l'influx des hommes dégé-
nérés qui sortent de l'univers. Il s'ensuit que la
terre ne cessera jamais d'exister, et qu'il y aura
toujours des hommes pour peupler sa surface. Le
ciel dépend de la terre; car sa naissance, son dé-

veloppement et sa perfection viennent de là; le ciel ne peut exister sans la terre. Il en est de même de l'enfer. »

Swedenborg rejette, par conséquent aussi, le dogme de la résurrection des corps à la fin des temps : suivant lui, les morts ressuscitent et vivent immédiatement après la mort. Ils ressuscitent et vivent dans un corps tout aussi réel que le nôtre, quoique invisible à l'œil simple.

Le monde des esprits est une épreuve : les bons y deviennent meilleurs; les mauvais y deviennent pires ; mais comme toutes les épreuves, celle-ci est d'une durée limitée, — relativement courte,— et à la suite de cela, l'homme entre dans une nouvelle vie.

Du monde des esprits, l'homme monte au ciel ou descend en enfer. Il n'y a pas de jugement. Les âmes obéissent comme les corps physiques aux lois de l'équilibre. Elles se placent d'elles-mêmes dans le milieu qui se trouve conforme à leur nature. Le jugement ici, c'est la loi de gravitation.

L'homme est à lui-même son ciel ou son enfer. La constitution du ciel a été dévoilée à Swedenborg par les mêmes miracles que la constitution du monde des esprits. « Dieu, dit-il, m'ayant accordé la vision de choses merveilleuses qui sont dans les cieux et sous les cieux, c'est mon devoir de racon- ter ce que j'ai vu. En faisant cela, je m'acquitte d'une commission. M'éveillant un jour, du som- meil ordinaire, je tombai dans une profonde mé- ditation à propos de Dieu ; et quand je levai mon regard vers le ciel, je vis au-dessus de ma tête une lumière très - brillante, d'une forme ovale. Et voilà que le ciel me fut ouvert, et voilà que je vis de magnifiques scènes, les anges debout, formant un cercle et conversant les uns avec les autres. Comme j'étais très-curieux de savoir ce qu'ils di- saient, il me fut accordé d'entendre le son de leur voix qui était pleine d'amour céleste, et bientôt après de comprendre le sens de leurs discours qui étaient pleins de sagesse découlant de leur amour. Ils conversaient entre eux sur le Dieu unique, sur l'union avec lui et sur la Rédemption qui en est la conséquence. La matière de leur entretien était en grande partie ineffable : il n'y a aucun mot dans aucune langue naturelle qui puisse exprimer ces choses-là. »

Tous les anges pris collectivement forment le

ciel. N'oublions pas que ces anges ont jadis été des hommes ; ils ont vécu de notre vie dans l'une des innombrables terres qui peuplent le firmament. Swedenborg ne croit point à une création d'esprits lumineux, dont l'existence aurait précédé celle de notre race. L'ange est un progrès sur l'homme ; naturellement ce progrès c'est le miracle de la métempsycose : l'ange est d'origine humaine.

Les deux conditions qui ouvrent à l'homme — après la mort et après son passage dans le monde des esprits — l'accès du ciel, sont l'amour de Dieu et l'amour de l'humanité. L'obstacle au bonheur céleste, c'est l'égoïsme, la confiance en soi-même. Les âmes qui, durant leur séjour dans l'univers, ont rapporté à elles-mêmes le bien qu'elles faisaient et qui se sont approprié la vérité comme un bien personnel, ne sont point reçues dans le ciel. Les anges les évitent comme des êtres stupides et des voleurs : Stupides, parce qu'ils ont sans cesse regardé eux-mêmes et non la divinité ; voleurs, parce qu'ils ont en quelque sorte dépouillé Dieu de ce qui lui appartient. Leur croyance est opposée à la foi qui règne dans tout le ciel. Cette foi est que la divinité communiquée aux anges constitue la société des bienheureux.

La valeur de la vie de tout homme se mesure à la valeur et à la quantité de son amour.

Il existe parmi les anges des différences infinies : ceux qui reçoivent plus intérieurement l'amour divin sont appelés *anges célestes* ; ceux qui le reçoivent moins intérieurement sont appelés *anges spirituels*. Les premiers se distinguent par un excessif amour du BIEN, les seconds par un excessif amour du VRAI.

Le monde des bienheureux se divise en trois couches, en trois zones superposées les unes aux autres, lesquelles forment naturellement trois cieux. Cette division n'a rien d'artificiel, ni d'arbitraire. Comme il y a plusieurs degrés de perfection dans la vie des hommes, chacun de ces degrés correspond à un des étages du ciel. Le monde spirituel est régi comme le monde naturel par la loi d'attraction.

Le ciel s'ouvre pour chacun, après la mort, dans la proportion de ses qualités et de ses mérites. Les anges d'un ciel ne peuvent pas entrer dans le ciel des autres anges. « Quelques anges du dernier ciel, raconte Swedenborg, n'étant point encore instruits que la constitution du monde spirituel est un reflet de l'intérieur des habitants, crurent un jour qu'ils pourraient monter dans le ciel des anges supérieurs. Il leur fut permis d'y entrer. Mais lorsqu'ils y furent, ils ne virent plus que solitude. Quoiqu'il y eût là une grande multitude d'anges, ils ne purent, malgré leurs recherches, en découvrir aucuns. Cela tenait à ce que le sens intérieur de ces étrangers n'était point ouvert au même degré que le sens intérieur des esprits qui habitent cette partie du ciel. Peu de temps après, ils furent saisis d'une angoisse si intense qu'ils ne savaient presque plus s'ils vivaient ou non. En conséquence, ils retournèrent bien vite au ciel d'où ils venaient. Là, ils se réjouirent d'être retournés vers leurs pareils et en quelque sorte chez eux, promettant bien de ne plus désirer désormais des choses plus élevées que celles qui étaient conformes à leur mode d'existence. »

Les anges qui vivent dans le même ciel sont capables de s'associer les uns avec les autres. Les délices de cette association sont relatives à leurs affinités pour le bien. Tous ceux qui possèdent des affections et des facultés semblables sont en-traînés dans le même cercle d'existence. Les an-ges de chaque ciel ne vivent pas réunis tous en-semble dans la même place : ils se distribuent en sociétés plus ou moins grandes, selon la différence de leur amour ou de leur foi. Ceux qui sont au même degré de perfection forment un groupe. Tout cela se fait sans l'intervention d'aucune puissance extérieure. Ceux qui ont les mêmes dis-positions se trouvent spontanément associés avec leurs semblables, ils sont en même temps dans la pleine jouissance de leur liberté, dans toute l'expansion joyeuse de leur vie. Les séries s'orga-nisent ainsi dans le ciel, selon la loi des conve-nances et des différences. Grâce à cette loi (dont la gravitation naturelle n'est qu'une ombre et une image) les anges se composent eux-mêmes dans le ciel en une infinité de variétés qui main-tiennent l'humanité.

Toutes ces sociétés célestes communiquent en-tre elles, non par une relation directe, car la sphère de chaque vie détermine la sphère de ses affections et de ses rapports ; mais ces différentes sphères se touchent sans se confondre et rayonnent au loin de l'une à l'autre par le lien de l'amour. Ainsi se forme l'unité.

Les plus grandes sociétés se composent de myriades d'anges, les moyennes de quelques milliers et les plus petites de quelques centaines. Il y a aussi des anges qui vivent dans des maisons séparées : ceux-là ne composent point des sociétés, mais des familles.

De même que les membres du corps composent une personne, ainsi les bienheureux forment une humanité. Le ciel, envisagé dans son universalité, a par conséquent des organes. Les anges qui habitent chaque partie de ce grand corps sont dans un des départements de la vie. Les uns occupent le département du cerveau, les autres celui du poumon, ceux-là le cœur, ceux-ci les bras, etc., etc. Cette localisation détermine les fonctions et les charges spirituelles. Chacun remplit les devoirs de la partie du corps à laquelle son groupe correspond. On voit maintenant pourquoi Swedenborg appelle le ciel, dans son langage figuré, — le Grand Homme.

De toutes ces fonctions particulières résulte l'économie du ciel humanisé.

Le ciel, tel qu'il existe, n'est point parfait. Il reçoit tous les jours et recevra éternellement de la terre des nouvelles recrues qui troublent son harmonie avant de la parfaire. Les anges ne désirent rien tant que de voir venir à eux de nouveaux compagnons. Ainsi s'accroît et s'accomplit la figure du monde spirituel. C'est une erreur, dit Swedenborg, de croire que la forme du ciel soit immuable. Toutes choses sont soumises dans le ciel comme dans l'univers à des changements successifs. Tout se développe. Les anges eux-mêmes sont perfectibles.

Tous les anges retiennent, dans leur nouvelle existence, la forme humaine ; seulement c'est une forme plus accomplie. « Grâce à mon expérience, dit Swedenborg, laquelle date de plusieurs années et se continue encore tous les jours, je déclare solennellement, j'affirme que la forme des anges est la même que celle des hommes... Je les ai vus dans la lumière qui leur est propre — lumière qui surpasse de beaucoup celle du soleil — et j'ai pu observer ainsi toutes les parties de leur visage plus distinctement que je n'ai jamais vu les traits du visage humain sur la terre. »

C'est par une erreur d'imagination que les artistes, dans leurs tableaux et leurs statues, représentent les anges avec des ailes. Les anges n'ont pas d'ailes, ils se meuvent dans l'espace — lequel n'existe, d'ailleurs, point pour eux, l'espace étant une illusion de nos sens — avec la rapidité du désir et de la pensée. Il est seulement à remarquer, toujours selon Swedenborg, que la beauté de leur forme humaine se trouve en rapport avec leur amour. La beauté extérieure jaillit et rayonne, en effet, de l'état intérieur de l'âme. Le beau est le reflet du bien.

Il y a un soleil dans le ciel, lequel engendre de la lumière et de la chaleur, mais un soleil spirituel, un rayonnement de la face de Dieu. Près de cette lumière-là, le soleil de notre monde naturel apparaît aux anges comme une boule de ténèbres.

Toutes les choses qui existent dans l'univers existent dans le soleil, seulement elles existent à l'état sublimé. Les anges étant des hommes et vivant en société comme les hommes vivent sur la terre, ils ont des habits, des maisons, des meubles : choses semblables à celles dont nous nous servons ici-bas ; toute la différence consiste en ce que ces choses-là sont infiniment plus belles et plus parfaites que les nôtres. Swedenborg a vu dans le ciel des palais d'une magnificence qui défie toute description. Cette architecture céleste ferait le désespoir de nos Michel-Ange, s'ils pouvaient en avoir connaissance pendant la vie.

Les anges ayant comme nous une intelligence et une volonté, c'est une erreur de croire qu'ils soient toujours dans le même état de béatitude. Ils ont comme les hommes le sentiment du *moi;* lorsqu'ils s'abandonnent à ce sentiment, ils commencent à devenir tristes. Swedenborg a « conversé » avec quelques-uns d'entre eux; et il a pu découvrir la profondeur de leur tristesse. Mais ils lui ont dit qu'ils espéraient bientôt retourner à leur primitive félicité, en revenant à l'amour universel.

Ainsi soit-il.

V

Continuons à voyager dans ces ténèbres plus ou moins rayonnantes en compagnie du « rêveur éveillé. »

Puisque le ciel se divise en plusieurs sociétés, c'est qu'il y a des gouvernements. Ces gouvernements varient selon les groupes et les séries ; mais il y a pourtant une forme générale dont ils ne s'écartent guère. Le gouvernement du mutuel amour est le seul qui existe dans le ciel. Les chefs ne dominent point et ne commandent point : ils servent. Ces fonctionnaires ne se considèrent point eux-mêmes comme plus grands que les autres, mais comme plus petits. Tout leur privilége consiste à aimer et par conséquent à se donner plus que ne le font les autres anges.

Il règne dans toutes les régions du ciel une langue universelle. Le caractère de cette langue est une concision électrique. Les anges peuvent exprimer en une minute plus de choses que notre langage n'en explique en une demi-heure. Ils écrivent comme nous leurs pensées.

Le ciel n'est point le royaume de l'oisiveté. Les anges s'emploient à toutes sortes d'ouvrages. Plus l'un d'entre eux est utile et plus il est béni. Chaque ange trouve, en effet, des jouissances ineffables à contribuer à la quiétude de tous. Il travaille ainsi par le désir du bien public ; non par amour-propre ni par l'appétit du gain.

Les anges sont des hommes transformés ; mais on sera peut-être curieux de connaître ce que deviennent les enfants après leur mort. Dès que les enfants meurent ils ressuscitent et ils sont portés au ciel pour être confiés à la garde et aux soins d'anges femelles qui, pendant leur vie terrestre ou mortelle, ont aimé avec tendresse les enfants. Par ces bonnes anges maternelles, les enfants ressuscités sont instruits et élevés. Ils passent ensuite sous la direction d'autres instituteurs. Lorsque leur caractère est entièrement développé, ils se fixent dans une société du premier, du second ou du troisième ciel, conformément à leur génie et à leurs dispositions.

On doit s'attendre à retrouver dans le ciel

des anges de différents âges. Il y a des jeunes
gens et des vieillards. Voici ce qui arrive de mira-
culeux : les vieilles femmes qui sont mortes, après
une bonne vie, portent dans le ciel leur vieillesse ; mais après une succession d'années, elles
reprennent de plus en plus les traits de la jeunesse ; leur visage revêt alors avec le temps une
beauté qui surpasse toutes les conceptions de la
beauté permises au cerveau humain. En un mot,
vieillir dans le ciel, c'est rajeunir.

Le corps de chaque ange est la forme extérieure
de son amour ; or, aucunes des affections que
l'homme ou la femme a nourries pendant sa vie
ne se trouvent perdues après la mort. Il résulte
de là que la fleur de la jeunesse et de la beauté
célestes a sa racine dans les sentiments de la vie
humaine.

VI

Les anges s'aiment, mais se marient-ils ? Oui,
il y a des mariages dans le ciel aussi bien

que sur la terre. Les mariages du ciel, dit Swedenborg, sont la conjonction de deux en un. Dans cette unité, le mari représente la moitié de l'esprit humain, qu'on appelle l'intelligence, et la femme représente cette autre moitié, qu'on appelle le sentiment. Toute idée de domination est d'ailleurs étrangère dans le ciel à l'amour conjugal.

Les mariages au ciel — suivant ce que nous enseigne Swedenborg — ne continuent point toujours les unions formées sur la terre. Ces dernières, nous dit-il, reposent si généralement sur des motifs mondains et matériels, les conjoints sont si mal associés, le plus souvent sans aucune harmonie de sentiments et de facultés, que de tels mariages se maintiennent et se perpétuent rarement dans l'autre vie. L'homme et la femme se rencontrent après la mort dans le monde des esprits ; mais comme les différences de leur caractère se prononcent et se manifestent alors plus que jamais, ils se séparent.

L'état solitaire n'existe pas dans le ciel : pour que les anges soient complets, il faut qu'ils soient deux. L'insatiable désir des âmes pour l'unité conjugale n'apparaît point durant la vie ou n'apparaît que faiblement : ce sentiment ne peut recevoir pleine et entière satisfaction que dans l'éternité.

Deux anges, mâle et femelle, forment un couple. Personne à présent sur la terre ne peut se faire une idée de ce qu'est l'amour. Swedenborg seul a eu le bonheur d'observer un couple de bienheureux. « Et voilà, nous raconte-t-il, que je vis apparaître un chariot qui descendait du troisième ciel ou du ciel le plus élevé. Dans ce chariot, je ne découvris d'abord qu'*un* ange ; mais à mesure qu'il approchait, je m'aperçus qu'il y en avait *deux*. Le chariot brillait à distance comme un diamant ; il était attelé de chevaux blancs comme la neige, et les deux anges qui étaient assis dans le chariot tenaient dans leurs mains deux colombes. Quand ils se furent approchés, je compris que c'était un mari et une femme. Ils me dirent : « Nous sommes un couple conjugal. Nous avons vécu bénis et heureux depuis le premier âge du monde — que vous appelez l'âge d'or. A partir de ce temps-là, nous vivons l'un et l'autre de la fleur d'une jeunesse perpétuelle — tels, en un mot, que tu nous vois aujourd'hui. » Pendant qu'*il* parlait, *elle* parlait en même temps, et comme par la bouche de son mari, si grande était l'union de leurs âmes. »

Ces mariages spirituels ne donnent point d'enfants : ils ne sont pourtant point stériles ; ils donnent le feu sacré ; ils engendrent une somme d'amour toujours plus grande, dont les effluves lumineuses se répandent dans les profondeurs du ciel et réchauffent de sphère en sphère l'âme des justes et des bienheureux.

VII

Les âmes pécheresses, après la mort, ne sont point jetées par la main de Dieu dans l'enfer : — elles y vont. L'enfer étant le royaume du mal, tous les esprits se dirigent de ce côté-là, comme le fer aspire vers l'aimant — toujours en vertu de la loi d'attraction.

De même qu'il y a plusieurs cieux, il existe plusieurs enfers. Dans ces enfers successifs, les damnés se distribuent en mille et mille sociétés. Ces sociétés ont des gouvernements particuliers. Les gouvernements de l'enfer présentent un théâtre de faits tout opposé à celui que nous avons vu régner dans le ciel. L'autorité prend ici sa source dans l'amour-propre. Chacun dans l'enfer veut dominer sur les autres habitants : chacun aspire à être le plus grand de tous. Il en résulte que les plus méchants d'entre eux se placent à la tête des affaires et se font obéir par la crainte.

Dans l'enfer il n'y a point de soleil. Les habitants rôdent et s'agitent dans les ténèbres. Ces ténèbres extérieures ne font d'ailleurs que réaliser l'état de leur âme, — laquelle, dit Swedenborg, est composée intérieurement de ténèbres. Ils habitent des sites et des paysages qui conviennent à leur nature morale, tels que des fondrières, des marécages, des forêts, des cavernes, des déserts, des villes ruinées.

Au milieu de l'enfer, il paraît bien y avoir des chaumières qui se touchent et s'alignent comme les rues d'une cité ; mais l'intérieur de ces maisons est navrant. Les esprits infernaux passent leur temps dans des querelles et des inimitiés continuelles. Les coups et violences ne manquent pas. Les rues sont pleines de voleurs; les habitants sont continuellement en guerre. Ils se haïssent et se tourmentent sans cesse entre eux. Les cruautés qu'ils pratiquent ainsi les uns contre les autres sont indescriptibles.

Chacun des damnés est l'image de l'enfer en général et de la partie de l'enfer qu'il habite. Ils conservent la forme humaine, mais altérée, défigurée, dégradée. Plusieurs d'entre eux sont couverts d'affreux ulcères et de plaies révoltantes. Comme la beauté est chez les anges l'épanouissement du Bien, la laideur est chez les esprits infernaux l'épanouissement du Mal.

Si malheureux que soient ces damnés, ils n'aspirent point à un autre état. Ils restent et veulent demeurer où ils sont. La clarté du bien les tourmenterait; ils n'y seraient point dans leur élément. Cette congrégation des esprits infernaux ne communique point avec la congrégation des anges. La nature des uns et des autres s'oppose à tout rapprochement. Ils se repoussent. Néanmoins, Dieu envoie quelquefois des anges dans l'enfer pour empêcher les habitants de ce sombre royaume de se trop maltraiter entre eux.

Ce qui caractérise l'enfer, c'est la privation de l'amour : ils s'aiment eux-mêmes avec emporte-ment; mais ils n'aiment ni Dieu ni l'humanité.

VIII

Ces rêveries ne sont pas d'un poëte, mais d'un visionnaire. Dante ne leur donnerait pas ses rimes sonores et lumineuses.

Si nous nous sommes attardés dans ces « visions blanches, » c'est que Swedenborg a fondé une école qui prend le nom de *nouvelle église*. Cette église ne compte guère d'adhérents en Suède : Nul n'est prophète dans son pays. En France, les doctrines de Swedenborg sont connues, mais moins qu'en Amérique et en Angleterre. Une société s'est établie à New-York, avec l'idée de répandre les écrits et les idées du révélateur. Une société semblable existe à Londres. Les Sweden-borgistes admettent toutes les sectes chrétiennes au banquet spirituel de leurs croyances sur la vie future.

Il est inutile de discuter ces croyances : des visions ne se discutent pas.

Swedenborg a une figure parce qu'il est le seul qui ait traité de l'état des hommes après la mort, comme s'il revenait de l'autre monde. Il est le seul qui, en parlant de l'enfer et du ciel, ait osé dire : « J'en viens! »

Il a écrit le roman de la vie future; mais pour lui ce roman est de l'histoire.

S'il a pris les rêves de son cerveau pour des figures vivantes, on ne saurait se refuser à étudier au passage ses vues sur la vie future. C'est souvent à travers l'imagination de ces voyants et de ces croyants que la vérité transparaît. Le sens intérieur de Swedenborg est « la soif du cœur et la faim de l'esprit. » La nature n'aurait point mis au fond de la pensée des âmes intelligentes cette inquiète et fiévreuse curiosité, si le désir de connaître ne répondait pas, chez les esprits d'élite, à un organe spirituel.

Chaque homme a en lui la pythonisse de l'avenir. Il faut seulement savoir l'évoquer; il faut lui fournir le trépied d'or pour qu'elle rende ses oracles.

Swedenborg a beaucoup vu parce qu'il a beaucoup aimé. Mais il n'a fait que brouiller une fois de plus le panthéisme et le spiritualisme.

IX

Les hallucinés, depuis les prêtres indiens jusqu'à Swedenborg, depuis saint Jean jusqu'à Pascal, depuis les sibylles jusqu'aux spiritistes, en passant par les plus grands esprits comme Platon et Descartes, ont rempli le monde de l'esprit de leurs visions. C'est que la contemplation conduit à l'extase, c'est que l'extase donne une figure visible à toutes les évocations de l'âme. Les sorciers et les charlatans ne doivent pas faire condamner par la raison tous ceux que la recherche de Dieu, de la vérité, de l'infini a égarés dans ses espaces. Reprenons notre stalle avec la gravité de l'histoire, avec le scepticisme de l'examen, à ce spectacle des imaginations qui font l'école buissonnière.

Après tout, les hallucinés sont peut-être plus près de la lumière que les libres penseurs, parce qu'il y a des rayonnements dans leurs ténèbres. Plutarque, par exemple, ne se moquait ni de lui ni de nous quand il a dit : « Si les démons qui sont ordonnés pour le gouvernement et la superintendance des oracles et divinations viennent à défaillir, il est ordonné aussi que les oracles défaillent et périssent. S'ils s'enfuient ou s'ils passent et s'en vont tenir ailleurs, il est ordonné que les forces divinatrices faillent en tels lieux. Puis, quand ils y reviennent après un long espace de temps, les lieux recommencent à parler, ni plus ni moins que les instruments de musique, quand ceux qui savent en jouer les manient. »

Saint Jérôme commente les paroles de saint Paul qui, donnant aux démons le nom de princes des ténèbres, nous enseigne que nous avons à lutter contre ces esprits de malice répandus dans l'air : *Quod aer iste plenus sit contrariis fortitudinibus.*

Selon les hallucinés, minuit est l'heure du

soleil nocturne. Chaque heure du jour et de la
nuit impose son despotisme ou tout au moins
son influence. Les anciens, nos maîtres éternels,
n'avaient pas pour rien créé des théories pour
symboliser la force occulte des actions de la nature
sur l'homme : on a beau jouer au scepticisme,
l'esprit fort le plus résolu n'est le plus souvent
qu'un esprit faible, quand sonnent, dans la solitude et le silence, les heures de la nuit. Les philosophes de l'antiquité, comme ceux du monde
moderne, les plus sages et les plus rebelles aux
menées invisibles des puissances occultes, ont
reconnu que minuit est une heure fatale où l'esprit
humain n'a pas ses coudées franches. Certes,
quand on est en belle et bonne compagnie, quand
on soupe gaiement et amoureusement, l'heure
passe sans vous donner le frémissement de ses
ailes; mais si la douzième heure vous surprend
dans la rêverie ou la méditation, quand vous êtes
seul avec vous-même dans le cortége des souvenirs funèbres, vous subissez le contre-coup de
cette heure du sabbat qui répand autour de vous,
comme une pluie de fleurs mortes, les âmes en
peine qui ont été les âmes de votre vie et qui vien-

nent tenter leur résurrection dans votre cœur.

Ce n'est pas seulement le moyen âge qui a imprimé un caractère mystérieux à la douzième heure ; dans l'antiquité, quelles que soient les religions, on retrouve partout ce sentiment de terreur religieuse qui s'empare des hommes et qui fait crier les bêtes. C'est la nature elle-même qui a commencé le sabbat ; l'homme n'a rien inventé ; il a déchiffré peu à peu les vérités éternelles dans le livre grandiose que Dieu tenait ouvert sous ses yeux.

Les esprits forts disent que la nature n'a pas de mystères. Ils ne croient à rien et ils rient tout haut avec la désinvolture des gens qui ne savent rien, ou avec la pédanterie de l'omniscience, des âmes en peine et des esprits errants, qui nous obsèdent. Parlons avec humilité de tout « *ce qui est au delà.* » Dans cette mer perdue, nous ne pouvons aborder qu'un coin de la vérité. Et encore, parmi les plus hardis navigateurs, combien qui vont se briser dans les récifs après avoir entrevu le rivage. Celui qui dit : « je sais que je ne sais rien, » est déjà un sage. Le Régent Philippe d'Orléans, qui fut un homme de beaucoup d'esprit et d'impiété, disait gaiement : « je ne crois pas à Dieu, mais je crois au diable. » C'est l'histoire de tous les athées, c'est l'histoire de beaucoup de chré·tiens qui ne croient à Dieu que parce qu'ils ont peur du diable. Eh bien, le duc d'Orléans, cet impie de bonne maison, avouait qu'il avait peur des ombres, voilà pourquoi il soupait bruyamment pour lutter contre la nuit. Il avait abordé le grand œuvre ; avant d'inventer Law, il avait voulu faire de l'or par la vertu de l'alchi·mie. Il riait tout haut en plein midi des appari·tions nocturnes, mais il ne les niait pas ! Il recon·naissait qu'il ne faut pas trop s'approcher de « l'inconnu. » Certes il ne tombait pas dans le piége grossier des magiciens, et il se moquait des commérages de la sorcellerie. Ce n'était pas là qu'il avait étudié les sciences occultes, il partit de plus haut et de plus loin. Je parle ici du Régent, parce que c'était un sceptique ; il me serait trop facile de mettre en scène les esprits enthousiastes pour prouver l'existence de « l'invisible. » Bon gré mal gré, il faut reconnaître sa face sans vou·loir s'y heurter. Les sciences humaines sont toutes des abîmes : si on s'y penche trop on s'y préci·

pite. Rien n'est plus près de l'extrême sagesse que l'extrême folie.

C'était à minuit que les hallucinés évoquaient les morts. Paracelse dit que le spectre apparaît toujours sous la forme humaine. Selon le docteur Passavant, les étoiles de son front lui donnent la lumière spectrale. Selon un docteur du spiritisme, c'est la lumière astrale qui jaillit de ses yeux. Il apparaît dans la nuit la plus noire par sa lumière phosphorescente. Quelquefois il n'est éclairé que par la blancheur de son linceul. Le spectre cherche sa voix, il ne la trouve presque jamais ; de là ces sons vagues, ces soupirs, ces syllabes entrecoupées. C'est la voix nocturne. L'antiquité disait : Δαιμωνιῶν φωναι ἀναρθοί εἰσι.

Ce sont les voix de l'âme comme celles évoquées par la pythonisse.

Le fantôme se manifeste au toucher par une main de marbre. C'est le froid de la mort. Mais çà et là, la main devient lumineuse. Flamel l'appelait la *main de l'enfer*, les cinq doigts jetaient des flammes bleues et rouges. Le plus souvent les fantômes semblaient venir de l'enfer de glace, car ils répandaient autour d'eux le froid du tombeau et versaient sur nous des larmes de neige fondue. On n'a pas oublié qu'un halluciné, provoquant vaillamment des fantômes dans un château florentin, jetait dans la grande cheminée fagot sur fagot sans pouvoir changer l'atmosphère glaciale et « les senteurs du diable. »

Satan, a dit Voltaire, c'est le christianisme. Pas de Satan, pas de christianisme. Le père Ventura répond par ceci : « On peut donc dire que le chef-d'œuvre de Satan, c'est d'être parvenu à se faire nier. Démontrer l'existence de Satan, c'est rétablir un des dogmes fondamentaux qui servent de base au christianisme. Magie, mesmérisme, magnétisme, somnambulisme, spiritisme, ne sont que satanisme. « Ange de révolte : singe de Dieu, » selon l'expression de Tertullien et de Bossuet.

Or le démon étant le singe de Dieu, le plagiaire des vérités saintes et des institutions salutaires qu'il corrompt en les tournant à son profit, nous ne nous étonnerons point d'entendre Clément d'Alexandrie nous avertir « que les rites et les cultes des Egyptiens sont d'une similité singulière avec ceux des Juifs. »

Selon le père Félix : « L'empire de l'attraction est palpable, il est souverain, il s'impose. Cette force qui attire un soleil vers un soleil, un atome vers un atome, est-ce un médiateur invisible ? Est-ce la loi des éléments qui veulent tous se toucher et s'étreindre ? Comment ces atomes et ces soleils qui ont des limites tracées par le doigt de Dieu franchissent-ils leurs frontières pour aller à travers les distances, à travers l'infini embrasser d'autres atomes et d'autres soleils, dans l'embrassement des embrassements ? « Vous évoquez le mot science, moi j'évoque le mot mystère. »

A l'origine de la science, c'est le mystère qui vous ouvre la porte. Tout le monde a vu le Nil, mais qui a vu ses sources ? Jérémie a dit dans ses prophéties : « Le cœur de l'homme est impénétrable ; qui le pénétrera ? — Moi, dit le Seigneur, moi qui scrute les cœurs. » Selon saint Augustin, il y a aussi le démon, « ce pilleur d'âmes, qui jette nos secrets à tous les vents. » Les pères de l'Eglise disent que le cœur de l'homme est un livre fermé où Dieu seul peut lire : « Dieu lit en nous par les yeux des anges et des démons. » On dirait que c'est sur cette parole que les magnétiseurs, les spiritistes, les hallucinés, les extatiques se croyant des anges ou des démons inconscients ont voulu révéler les pages mystérieuses du cœur.

Saint Augustin nous dit que les démons sont tombés des plus hautes demeures du ciel dans les abîmes de nos ténèbres, pour semer en nous le mauvais grain des sept péchés capitaux, surtout l'ivraie de la luxure.

Saint Jérôme voit partout le démon : « Le démon, après avoir frappé le saint homme Job, s'essaya contre le Seigneur lui-même, qu'il transporta sur le pinacle du Temple et sur le sommet de la montagne. Quoi d'étonnant qu'il s'attaque à l'âme pure d'une vierge? » Vous voyez l'action occulte des esprits.

Les âmes en peine ne sont pas seulement du domaine surnaturel. Combien de figures dans ce monde ne trahissent-elles pas qu'elles sont des âmes en peine, parce qu'elles méconnaissent Dieu ou parce que Dieu n'est pas avec elles. Le purgatoire a déjà ses assises sur la terre pour tous ceux qui ne se sont pas nourris de la vérité de la justice, pour tous ceux qui n'ont pas dit comme

Pascal : « Que la Charité est l'âme et la vie de la grâce. »

X

Si nous interrogeons un docteur du spiritisme, un visionnaire des tables tournantes, un croyant de cette secte qui court le monde comme un tourbillon nocturne à peine irisé de lumière, il nous dira ceci ou à peu près :

Le naturel et le surnaturel c'est la vie corporelle et immatérielle.

Ce sont ces deux éléments primordiaux de la création agissant et réagissant éternellement l'un sur l'autre, se combinant et se représentant dans une foule de formes variées et parfaites, grandes ou infimes, agissant dans un but déterminé, pour accomplir sous l'œil de Dieu une mission providentielle.

Ces deux éléments, de nature si dissemblables, nous paraissaient jusqu'ici tellement distincts et séparés quoique unis dans notre personne, que le premier seul, en frappant nos sens par son immixtion constante, déterminerait en nous la raison de croire, tandis que le second, relégué comme science occulte ou tout au moins comme impénétrable et mystérieuse essence parmi les hypothèses, passerait au rang d'inconnu et ne pourrait se produire séparément que sous forme d'illusion, d'hallucination et de folie.

Que les pharisiens modernes rient, disent les spirites, les penseurs et les graves se réjouissent ; ils admirent la sagesse de celui qui distribue si bien les choses selon les temps, qu'après avoir marqué le XIXe siècle par une multitude de chefs-d'œuvre dans l'ordre matériel, par un nombre infini de découvertes, après avoir centuplé les forces de l'homme et ses moyens de bien-être, il veut le rattacher plus manifestement encore à lui par un lien céleste et mettre à l'œuvre de la création et de la destinée humaine le sceau irréfragable de son intervention visible. Oui ! Après avoir permis le développement normal de l'imprimerie, de la vapeur et de l'électricité, ces rapides instruments des idées et des richesses des peuples, Dieu a voulu les surprendre par des merveilles d'un ordre supérieur à toutes les inventions dont ils sont si fiers; — Dieu a voulu confondre leur orgueil.

Et le docteur, qui ne doute de rien, continue avec une foi cuirassée :

Décret divin et admirable ! La foi catholique avait fui de la conscience des hommes, dans ce siècle railleur et matérialiste ! La science pneumatique se révèle, apportée sur les ailes du magn- tisme — agent subtil dont l'essence nous échappe, mais qui semble douée d'intelligence comme l'homme — et aussitôt se produisent parmi nous des effets tels qu'il ne nous est plus possible de séparer notre existence terrestre d'une vie future, aussi réelle que la vie présente.

Jusqu'ici, en effet, l'homme n'avait guère eu avec l'idéal que des entrevues, par échappées instinctives; nous ne connaissions Dieu que par ses œuvres — ce qui doit suffire aux vrais croyants; — nous voici désormais appelés à constater son existence d'une façon plus péremptoire. Nous comprenions bien qu'il était là, sans le voir, mais nous doutions encore : aujourd'hui le doute n'est plus permis; — nous l'avons forcé par notre scepticisme à se montrer plus ostensiblement à nous ; cela est sérieux, car il voulait que l'homme crût en lui par la foi. — « Celui qui ne croit qu'à force de preuves n'a aucun mérite aux yeux de Dieu, » disent les esprits. Il avait fait la terre d'Éden si féconde et si belle ! Il avait comblé l'homme de tous les présents du ciel. Il lui avait donné l'intelligence pour le comprendre, des yeux pour admirer ses ouvrages, un cœur pour l'aimer, une voix pour chanter ses louanges ; et nous l'avons méconnu, souvent même renié ! Maintenant, réfléchissons-y bien, — car nous avons perdu notre sainte ignorance, — nous n'avons plus seulement, pour nous recueillir et nous élever vers Dieu, le témoignage latent de la conscience et de la foi, nous avons celui des sens, c'est-à-dire une certitude palpable. Or, cette certitude doit entraîner, pour nous, des conséquences terribles et irrémissibles. — En nous initiant dès ce monde aux choses de la vie supérieure, elle nous impose de plus grandes obligations morales ; elle nous constitue, ici-bas, plus que jamais les artisans de notre future destinée.

Voilà la vérité, la grande résultante des phéno-

mènes dont les spirites sont les témoins. Le bandeau doit tomber des yeux des plus réfractaires ;
il faut qu'ils croient : Dieu le veut.

Donc le *monde surnaturel superposé au monde
naturel*, et se révélant, ce n'est plus à l'heure qu'il
est, pour les adeptes de la pneumatologie, qu'une
autre science théologique adéquate à l'ancienne, une
filiation plus sensible établie entre l'homme et
Dieu, entre la terre et le ciel. C'est l'œuvre de
miséricorde et de pardon qui se poursuit dans le
temps par cette haute et éclatante révélation.
Nous en viendrons par là, peut-être, à gagner de
nouveaux mérites et de nouvelles faveurs. — Saint
Paul nous avait déjà dit : « Le monde n'est que le
« miroir énigmatique de la vérité pure, — car,
« ajoute le prince des théologiens, — avant la
« chute de l'homme, tout ce que nous voyons et
« tout ce que nous ne voyons pas, le monde na-
« turel et le monde surnaturel, le monde phéno-
« ménal et le monde intelligible, étaient réunis
« dans le Verbe. »

L'élément cosmique, composé d'êtres animés
ou esprits qui ont vécu la vie humaine ou toute
autre vie antérieure dans des sphères plus ou

moins avancées, l'élément cosmique ne serait qu'un vaste océan de fluides intellectuels, dans lequel le monde apparent et tangible, aujourd'hui séparé par une démarcation réelle, puise sans cesse la pensée et la vie dont s'animent les créatures destinées à subir leur épreuve matérielle et morale, soit sur notre globe, soit sur quelque autre globe de l'univers. Le magnifique dogme de la déchéance et de la réhabilitation reçoit donc, par les manifestations spirites, sa confirmation pratique et sa consécration scientifique ; si bien que le moyen âge, cette époque si ravalée, et si méprisée des athées et des incrédules, si ridiculisée pour sa croyance au merveilleux, devient, en quelque sorte, pour nous une contre-épreuve historique des faits actuels ; le moyen âge est expliqué et réhabilité par le XIX⁰ siècle.

Est-ce une leçon ? Est-ce une ironie ? Il faut convenir que nous avons bien mérité l'une et l'autre. O science, que sais-tu ? disait un sage. Ce que la science sait, nous pouvons le dire aujourd'hui ; elle sait approfondir les plus intimes et les plus mystérieux secrets de la nature. La science pneumatologique a trouvé la relation du monde corporel et du monde immatériel; elle ne s'en tient pas à une simple exposition du problème de la vis humaine : elle développe les consi-dérants de la vie future et administre à tout homme de bonne volonté la preuve, la certitude sur ce point.

La pneumatologie prépare à l'homme les pièces du dossier avec lequel il doit se présenter devant le sacré tribunal pour y subir le suprême juge-ment; et en effet, plus il aura eu de preuves de la survivance et de l'immortalité de son âme pendant sa vie, plus il aura dû conformer sa con-duite à cette croyance ; plus la terrible question des peines et des récompenses s'aggrave ou s'al-lége pour lui devant ce théorème inéchappable. C'est en vain que les spirites (et particulièrement le père de la doctrine, qui nous paraît avoir erré sur ce point) ont nié l'éternité des peines! Il faut se rattacher ici d'une manière absolue à la doctrine catholique qui affirme les peines éter-nelles pour l'homme irrépentant. Dieu étant la suprême justice et en même temps la suprême logi-que, s'il vous a prévenu, si vous n'exécutez pas ses commandements, vous tombez sous le coup de la pénalité qui vous menace. O contradiction, vous annoncez que Dieu vous ouvre lui-même par d'éclatantes manifestations la voie de la vérité et du salut; vous vous dites croyants et vous n'admettez pas que l'homme, si formellement averti par la révélation, ne soit pas, par suite de sa désobéissance et de ses transgressions, condamné au châtiment pour l'éternité? Si vous disiez qu'il n'y aura pas de peines éternelles pour le grand coupable, après son expiation et son repentir terrestres, à la bonne heure. Mais si vous prenez votre point de départ dans l'état moral du cœur de l'homme pour affirmer votre énormité dogmatique, vous semez l'erreur; vous vous abusez; vous abusez les autres; vous ne comprenez rien à la justice divine. Vous voulez, niant à la fois les deux plus admirables attributs de Dieu, sa bonté et sa justice, qu'il se montre généreux aux dépens de son équité? Alors que vous persistez vous-même dans votre impénitence finale, vous voulez qu'il passe outre et pardonne? Cela ne saurait s'accorder avec le grand principe de la liberté qui, en rendant l'homme responsable,

constitue la supériorité de son rang dans l'ordre
de la création. Votre religion n'est qu'une idolâ-
trie ; votre science n'est qu'une illusion ; votre
œuvre n'est que l'œuvre de Satan.

Réfléchissez-y, apôtres de la doctrine spirite !
Dieu, qui a parlé par la bouche des prophètes et
du Messie, Dieu qui parle aujourd'hui par la vôtre
— dites-vous, — Dieu qui a posé les règles de la
sagesse et de la morale, Dieu ne saurait se déju-
ger. Votre devoir, comme la sauvegarde de vos
travaux, c'est de vous mettre tout d'abord d'accord avec lui sur la stabilité des grandes vérités
chrétiennes, qu'il a lui-même enseignées ; c'est de
ne pas contredire ses dogmes et de proclamer
avec nous que l'éternité des peines est aussi nécessaire, dan l'œuvre de la création divine, que
l'éternité du mal.

Dans ces prodiges, renouvelés des temps de
croyance et de foi à une époque d'incrédulité et
d'athéisme, nous voyons une preuve que l'horreur
de Dieu pour le mal est à son comble, que sa patience
est à bout, que nous touchons au dénoûment
social annoncé par ces terribles signes. Quand le
monde surnaturel se révèle et prend des formes

visibles c'est que « tout ne va pas bien » dans le monde naturel. « A la veille de l'éruption du « Vésuve, dit un historien latin, les habitants « des villes voisines voyaient venir à eux, pour « leur serrer la main, leurs amis et leurs parents « morts depuis vingt ans. » L'esprit se meut circulairement, dit l'Écriture. Ses manifestations sensibles semblent agir en vertu de ce principe et devoir faire le tour du monde. Ce siècle finira dans la tourmente des révolutions; voilà pourquoi l'Esprit a parlé.

XI

Ce n'est pas l'Esprit qui a parlé : c'est le docteur spiritiste. Ne dirait-on pas un prédicateur catholique ? Mais qu'a dit l'esprit? Si nous jetons un coup d'œil rapide sur l'éloquence des voyans, nous reconnaissons que les voyans n'ont dit que des folies quand ils n'ont pas répété en les commentant les belles paroles de l'Évangile.

Nous avons, d'un pas rapide, traversé la nuit des hallucinés, pour y trouver cette preuve que l'esprit humain, quels que soient ses égarements à la recherche de la vérité, trouve toujours et par tout la présence réelle de l'âme.

Les esprits médiocres se moquent volontiers de tout ce qui dépasse leur portée. C'est d'une bonne politique; ils semblent regarder de haut tandis qu'ils ne voient que d'en bas. Les hommes de génie seront toujours seuls sur les cimes escarpées et aux bords des abîmes où le vertige les prendra devant la grandeur de l'infini. Et les plus hardis navigateurs du monde visible vers le monde invisible échoueront, jusqu'à la fin des temps, dans les naufrages de la philosophie.

Nul penseur de haute lignée n'a nié l'action des esprits invisibles. Salomon avait ses « génies lumineux. » La Bible est le théâtre des visionnaires. L'Orient est le théâtre des fantômes. Socrate avait son démon familier, Platon avait ses presciences. Dans tous les philosophes de l'antiquité, on voit errer les images de Dieu sur la terre.

Mais si vous ne croyez pas au jeu de l'invisible dans l'horizon embrumé des siècles, il nous faut bien reconnaître que, de notre temps, Descartes et Pascal ont été inquiétés par Celui qui ne se montre pas. Qui n'a pas été ému par les hallucinations de Pascal ? Qui ne se rappelle la vision de Descartes ?

Descartes ! ce sceptique audacieux qui profile sa grande ombre à l'aurore de toutes nos lumières, non-seulement il eut sa vision, mais il fit un pèlerinage à Notre-Dame-de-Lorette, allant à pied depuis Venise. Et ce ne fut pas assez. Pour remercier la Vierge de cette vision, entraîné par cette voix du ciel qui lui parlait, il alla à Rome pour le jubilé.

Son disciple Malebranche n'a-t-il pas vu lui aussi le monde spirituel ? « L'essence spirituelle de Dieu, écrit Malebranche, contient tous les esprits et comme les âmes. »

Turenne avait peur des ombres. C'est à une vision que la France doit d'être encore la France, la vision de Jeanne d'Arc.

On ne hante plus Mme Guyon, la folle obstinée qui avait des dialogues avec son crucifix. Je ne parlerai pas des « caresses et délices spirituelles » qu'elle ressentait par les esprits divins.

C'est une Sapho chrétienne qui se jette dans les bras de Dieu comme l'autre dans les vagues de la mer, quand elle croit retrouver les bras de Phaon. Elle parle de son céleste époux avec une familiarité et une audace qui effaroucheraient toutes les femmes mariées. Ne dit-elle pas tout haut : « J'ai épousé le Christ, je renouvelle mon mariage tous les ans, voilà pourquoi je fais des miracles, voilà pourquoi je commande aux âmes. » Je ne lèverai pas le rideau sur ses visions et sur ses extases. Le diable lui apparaissait, toujours obstiné à la tenter, parce qu'elle avait Dieu en elle. C'est la grande Pythonisse du mysticisme. Saint-Martin est à peine digne de traduire la langue qu'elle parle. Elle seule a eu « toute éveillée » des apparitions divines sous toutes les formes. « Vous m'êtes apparu, ô mon amour ! sous cette figure de l'Apocalypse, la tête couronnée du soleil et des douze étoiles. »

Saint-Martin appartient au passé et à l'avenir. Il nous apparaît dans le groupe troublé de Mesmer, du comte de Saint-Germain, de Cazotte qui annonça la Révolution, comme Mme Krudner, la sibylle des empereurs, vint prédire les ouragans du XIXe siècle. Enfin voici le croyant Lamennais qui va être le prophète des peuples.

Épictète, qui aimait les images, dit : « L'âme est un bassin plein d'eau, ses opinions sont la lumière qui éclaire ce bassin. Lorsque l'eau s'agite et se trouble, il semble que la lumière le soit aussi, elle ne l'est pourtant point. Il en est de même de l'homme ; quand il est travaillé et agité, les vertus ne sont point bouleversées et confondues, ce sont les esprits qui sont en mouvement. » Or, dans l'agitation et le trouble des esprits, la pensée ne voit plus juste.

Heures de folie ! disent les sceptiques. Pourquoi ne répondrait-on pas : Heures de lumière ! Les orages font le ciel plus bleu.

V

LES POETES ET LES PHILOSOPHES

I

Après avoir traversé les philosophies et les croyances pour retrouver l'histoire de l'âme chez tous les peuples, étudions à vol d'oiseau les poëtes tout en écoutant au passage les philosophes qui ont doré leur raison aux rayons de la poésie.

Dans l'antiquité, n'est-ce pas l'œil pénétrant de la poésie, l'œil de Lucrèce qui montra le chemin à la science, dans les profondeurs de la Nature. D'un seul pas, il a franchi les espaces que l'expérience n'a parcourus qu'après deux mille ans de recherches. En Lucrèce, la Nature n'a pas seulement son poëte, elle a eu son philosophe. Il a peint le tableau des choses visibles avec le plus beau style et sous les plus belles couleurs, dans la lumière souveraine.

Comme les aigles, la poésie fixe le soleil et tente les hauteurs de l'infini. La poésie a la seconde vue parce qu'elle est le reflet de Dieu. Sa voix harmonieuse est l'écho du monde invisible. Elle est l'histoire du passé et l'histoire de l'avenir; si elle se souvient des siècles écoulés elle voit par la divination les siècles futurs. Quelle œuvre humaine sinon celle de la poésie a continué plus éloquemment l'œuvre de Dieu ? Que la poésie soit religieuse, épique ou intime ; qu'elle s'appelle Moïse ou Homère, n'a-t-elle pas montré la grandeur des hommes ? Elle a buriné *la Loi*, ce dogme souverain ; — et elle a signé Moïse ; — elle a sculpté les images de Dieu pour donner des exemples aux hommes sur le radieux Olympe, — et elle a signé Homère. — Et ces deux sublimes poëtes ont pétri, sous leurs mains lumineuses, deux nations inouïes par l'éclat qu'elles ont jeté sur l'humanité.

Homère n'a-t-il pas formé la nationalité hellénique ? Elle a été la grandeur du monde, elle a été la surprise, l'admiration, l'exemple, parce que

Homère a fait sa patrie plus grande que nature, parce que le génie de Dieu parlait en lui. Qu'est-ce qu'un poëte, sinon la harpe éolienne, qui tressaille, qui frémit, qui chante par la voix de l'Inconnu.

Ainsi a fait Moïse, en marquant du sceau de Dieu des peuplades inconnues ; il a enfanté un peuple, un grand peuple, qui a toujours marché comme une armée pacifique sous la législation et sous la discipline de ce despotisme sacré. Mais ce despotisme, loin d'amoindrir l'homme, le surélève parce que c'est le despotisme qui impose la dignité et la grandeur des hautes destinées.

Qu'importe si ce n'est pas le même hymne que chante Homère et Moïse ; qu'importe si à côté de Moïse qui imprime l'esprit de Dieu avec la farouche autorité d'une foi profonde, le divin Homère, plus voisin de la terre, prend des hommes pour faire des Dieux ? Son génie est plus humain, c'est à travers un sourire qu'il peint les Dianes et les Vénus ; c'est encore en souriant qu'il représente les Jupiters et les Vulcains. Qu'importe s'il n'a pas la foi en symbolisant, avec toutes les sublimités de la poésie, les forces du ciel et de la terre ? Ses Dieux ou plutôt ses hommes ont la marque suprême du grand et du beau. L'humanité a désormais ses modèles.

Si nous allons plus loin sur ce grain de sable pour retrouver les origines de la marque de Dieu dans l'homme, nous nous arrêterons respectueusement devant les tableaux solennels de l'Inde et de l'Égypte. En débrouillant les ténèbres de l'histoire, ces grandes théocraties sacerdotales ne nous apparaissent-elles pas dans les plus vives lumières de l'intelligence sinon de la raison ? Ce n'est ni la justice divine, ni la justice humaine, mais cette poésie du soleil n'a-t-elle pas tous les rayonnements ? Le Brahmisme et le Boudhisme, ne sont-ce pas là de magiques, terribles et mystérieuses épopées ? Il fallait des poëtes pour toutes les philosophies, il fallait exprimer toutes les hymnes de la révélation et toutes les hymnes de la nature. Qu'importe si le point de départ était le panthéisme, puisque c'était pour monter, monter, monter toujours ? N'est-on pas saisi de vertige devant ces assembleurs de nuages, qui du premier coup ont touché à tous les horizons ! Vous voyez que partout où nous marchons c'est la poésie, ce n'est pas la science qui fonde lés sociétés. La poésie c'est l'âme elle-même. Ceux qui ne croient qu'à la force aveugle des choses n'ont jamais regardé en avant ni en arrière.

Si nous allons de l'Orient à l'Occident, nous entendons partout ces voix suprêmes et mystérieuses des poëtes. La muse scandinave nous apparaît sous la robe de la prêtresse. « Son poëme est une religion, a dit C. de Lafayette. Les premiers sagas sont les premières formules du dogme. Des sociétés sont sorties tout armées des entrailles d'une mythologie terrible. L'enfance des peuples du nord a été bercée par les Skaldes aux chants héroïques de ces redoutables mensonges ; elle a bu le lait de la louve et sucé la moelle des lions dans ce lyrisme des batailles. »

Et les Druides n'étaient-ce pas encore des poëtes législateurs, les forêts des Gaules frémissent toujours aux échos de ces symphonies barbares où éclatait l'idée de Dieu. Là furent les poëtes des profondes solitudes et des tempêtes grandioses. Là aussi ils furent prêtres et législateurs, là aussi ils ont créé des nations à leur image avec le reflet divin.

L'histoire supérieure des nations pourrait se faire avec toutes les grandes pages des poëtes, parce que la poésie est le trait d'union qui va du visible à l'invisible, du fini à l'infini, de l'homme à Dieu.

II

Depuis Apollon, toute lumière, jusqu'à Hugo, tout rayonnement; depuis Homère, un dieu, jusqu'à Lamartine, un demi-dieu; depuis Virgile, une harmonie, jusqu'à Alfred de Musset, une passion, tous les poëtes ont vu Dieu : je n'ai pas à les interroger, chacune de leurs pages est marquée du sceau divin, dans l'*Espoir en Dieu* d'Alfred de Musset, comme dans les légendes d'Apollon. Tout Homère éclate en Dieu par ses dieux. Tout Lamartine chante le souvenir du ciel.

Quel que soit le poëte, c'est Dieu qui parle. Écoutez ces belles paroles d'un grand poëte, le CXXXXVI^e sonnet de Shakspeare.

Pauvre âme, rayonnement de mon argile pécheresse, dupée par ces rebelles puissances qui t'enveloppent, pourquoi languis-tu en moi et consens-tu à souffrir de la misère quand tu portes sur tes murs extérieurs de gais ornements si ruineux?

Pourquoi ayant un bail si court faire de telles dépenses pour ta maison destinée à la ruine? Veux-tu donc qu'ils dévorent tout cela, les vers qui seront les héritiers de ce luxe orgueilleux? Allons, mon âme, ne travaille pas pour la fin de ton corps.

Mon âme, il te faut vivre au détriment de ton serviteur; qu'importe s'il languit si c'est pour augmenter ton abondance? Achète des assurances divines et vend des heures de rebut. Sois riche au dedans, sois pauvre au dehors.

C'est ainsi que tu te nourriras de la mort qui se nourrit des hommes. Et la mort une fois morte il n'y aura plus à mourir; il n'y aura plus à mourir parce que ce sera le pas des dieux vers la vie éternelle.

La force de la poésie sur la philosophie, c'est qu'elle est un soleil, quand la philosophie n'est qu'une lampe, si elle n'est pas une lanterne sourde. Chez les poëtes, l'éloquence est lumineuse, parce que la poésie vit d'espace, tandis que la philosophie, penchée sur les abîmes du doute, attardée aux heures anxieuses de l'expérience, enveloppée dans les nuages de la science, n'ose prendre son vol vers l'infini de peur de perdre pied. Sous prétexte que son point de départ est la raison humaine, elle ne veut point se risquer dans les régions surnaturelles. Et ce qui achève de donner un cours forcé à l'or des poëtes, c'est que la médaille est bien frappée. La poésie aime les images, la philosophie fuit par système les pompes du style; bien mieux elle se renferme obstinément dans un jargon savant qui lui donne un air de pédantisme, dont les poëtes comiques n'ont pas fait justice encore. Le jargon est à la langue ce que le caillou du Rhin est au diamant.

Il faut être initié pour lire les philosophes, mais quand on est initié, quand on a traversé toutes les hypothèses, depuis l'école d'Alexandrie jusqu'à l'école d'Athènes, depuis Julien jusqu'à Proclus, depuis jamais jusqu'à toujours, qu'a-t-on trouvé? Les déserts de l'esprit humain peuplés de mots grecs et latins plus ou moins francisés, de néologismes ambitieux, de théories indéchiffrables; en vain y rencontre-t-on çà et là quelques images de ce poëte qui s'appelait Platon *, dont les philo-

---

* La philosophie contemporaine a habillé la métaphysique d'une robe à la fois transparente et colorée qui accentue sa physionomie au lieu de la masquer. M. Paul Janet a dit: «C'est le don du métaphysicien d'exprimer ses idées dans une langue concrète, accentuée, colorée, et de faire ressortir l'idée par le relief de l'expression. Les Allemands ont quelquefois ce don;

sophes font un philosophe; quelques miettes de ce génie encyclopédique qui s'appelait Aristote, qui, avec les rayons épars de la sagesse, créa le monde de l'esprit, sans pouvoir ruiner l'erreur. Quand on a remué des lieues de sable dans ce désert pour y trouver des parcelles d'or, on tente l'aventure sur le fleuve voisin, ce grand fleuve de la sagesse où depuis Thalès tous les chercheurs ont navigué. Mais que trouve-t-on? Le dernier mot de l'esprit humain n'est ni sur la rive droite ni sur la rive gauche. On s'embarque avec son savoir, mais on côtoie le doute et on se passionne pour l'imprévu. Ceux qui partent avec leur foi s'endorment et se réveillent dans les visions de l'extase. Ceux qui ont bu à la coupe de Platon le coup de l'étrier tendent bientôt la main à l'Inconnu. Tel qui s'en va à la conquête de la vérité avec l'esprit des sept sages de la Grèce, se laisse prendre peu à

mais ils le gâtent par le jargon et le noient dans la diffusion' des mots. Descartes, Malebranche, Leibnitz et Spinosa l'ont eu au plus haut degré et restent les maîtres en ce genre. Chez les anciens, Platon et Aristote sont hors de pair. En ce sens, on peut dire que la langue métaphysique fait partie du génie métaphysique : exprimer une idée, c'est l'inventer. » On ne peu pas mieux dire, mais alors combien peu de philosophes expriment des idées !

peu aux mystères de la Kabale et de l'Astrologie. Tel qui a le front marqué de l'auréole de la foi, n'a bientôt plus sur la figure que le reflet des hérésies.

Tous croient voyager dans la lumière, quand ils voyagent dans la nuit.

C'est en vain que les philosophes iront fièrement comme s'ils marchaient avec la vérité, de la philosophie du moi à celle de la nature, de celle de l'Idée à celle de la Force, de l'Orthodoxie à l'Hétérodoxie, du Panthéisme au Panlogisme, de l'Identitéisme au Théosophisme, du Personalisme au Conscientisme : ils finiront par avouer qu'ils n'habillent avec leurs modes successives que le fantôme de la Vérité. Je ne veux pas nier que l'habit ne soit souvent une belle étoffe brodée des étoiles du spiritualisme ou des abeilles du naturalisme ; le plus souvent l'étoffe est si légère qu'elle ne semble qu'une toile d'araignée ; mais riche ou pauvre, cette étoffe n'a pas encore tenté la Vérité qui d'ailleurs ne s'habille que de son manteau de cheveux. Les nouveaux venus tournent avec obstination autour du panthéisme comme l'entendent Spinoza, Hégel, Schelling, Hartmann, pour ne parler que des assembleurs de nuages d'outre-Rhin.

Les plus nouveaux venus se prennent au darwinisme sans lire Darwin et sans relire La Bruyère, qui a fait justice de ses théories.

Maine de Biran a jeté une lumière toute française quand il a dit : « La science humaine a deux pôles : la personne MOI d'où tout part et la personne DIEU où tout aboutit » c'est le fini qui va à l'infini. Entre le fini qui va au fini, il y a un abîme, même si c'est l'amour qui jette un homme dans les bras d'une femme pour une effusion corporelle ou idéale. Mais si c'est le fini qui va à l'infini, l'homme à Dieu, il y a le trait d'union qui marque la présence de Dieu dans l'homme, la présence réelle du Créateur dans sa créature, la parcelle d'âme divine dans l'âme humaine ; c'est ie rayon de soleil qu'on peut obscurcir mais non briser. L'homme par sa volonté masquera la lumière, mais il n'empêchera pas la lumière de lui revenir dès qu'il ne l'arrêtera plus.

Quelques contemporains, qui ont vécu des miettes d'Aristote, ont voulu faire un mariage de raison entre l'Esprit et la Matière, soit en redonnant des ailes à l'âme sensitive, soit en divinisant l'âme humaine.

L'Éclectisme a donné raison à tout le monde, pour se donner tort à lui-même depuis Potamon jusqu'à Cousin. Vouloir prendre à chaque système de philosophie un pan de mur en ruines, c'est bâtir un palais incohérent où se combattent tous les styles d'architecture sans jamais trouver l'unité, qui est la force et qui est la loi. C'est un autre ordre qui n'est ni Dorien, ni Corinthien, ni même Composite, c'est l'ordre du Syncrétisme. Ce ne peut être que le palais des ténèbres. C'est refaire le chaos, parce qu'on n'a pas le génie de créer un monde.

Quand on a bien étudié les philosophes grecs et romains, on donnerait toute leur philosophie pour un peu de sagesse venue des Perses et des Égyptiens. Ceux-là sont les spiritualistes avant et après la lettre. Il ne leur a pas fallu la révélation pour croire à l'âme immortelle et se soumettre à la justice divine. Les Grecs et les Romains ont eu beau s'emparer du monde moral au nom de toutes les idées, ils n'ont élevé des monuments qu'aux dieux inconnus.

Ils disaient : « Connais-toi toi-même. » Ils ne se sont pas connus. Ils ont impertinemment dit avec Épictète : « Quand un corbeau te prédit quelque chose par ses croassements, tu crois que c'est Dieu qui te parle, non pas le corbeau. Quand un philosophe t'avertit, crois de même que c'est Dieu qui t'avertit, et non pas le philosophe. » Mais ni le philosophe ni le corbeau ne parlent au nom de Dieu. Selon un philosophe contemporain, Jules Simon : « Peut-on attribuer quelque valeur philosophique aux poëmes et aux récits fabuleux, qui précèdent la fondation de l'école d'Ionie et de celle de Pythagore? Double origine de Platon : les enseignements de Socrate; les théories numériques des Pythagoriciens et des Éléates. Il recule devant les dernières conclusions de la dialectique, et s'en tient au τὸ αὐτὸ ἑαυτὸ κινοῦν. »

III

Puisque la philosophie de Platon est ma poésie, retournons nous avec lui devant l'aurore radieuse de la sagesse.

Arrêtons-nous une heure pour écouter cette parole d'or.

Platon, tout en reconnaissant l'hymen harmonieux du corps et de l'âme, proclame la souveraineté de l'âme. « L'homme intérieur doit dominer l'homme extérieur ; la partie humaine ou plutôt divine doit commander à la partie animale, car celle-ci est un monstre à plusieurs têtes. » Le philosophe voit surgir sur le corps toutes les passions violentes, comme la volupté, « monstre dont la gueule béante engouffre toute la floraison de la vertu. » Il faut les flatter comme des lions, les endormir et les tuer dans leur sommeil si on les craint dans l'exaltation. « Imitons ce sage laboureur qui détruit les animaux féroces, qui nourrit et élève les animaux pacifiques. » Cependant on pourrait dire à Platon qu'il faut combattre les passions et non les tuer ; car combien de fois le génie, le courage, l'héroïsme, ont éclaté dans les tempêtes des passions, même des mauvaises passions ! Faisons que les passions brutales et féroces deviennent douces et apprivoisées.

Après avoir ainsi bâti son temple avec du marbre, de l'or, de la pierre et de l'airain, monument d'aspect grandiose, mais disparate, Platon inscrit ces mots majestueux sur le fronton, comme si Dieu lui-même eût conduit sa main : IMMORTALITÉ DE L'AME.

Et en effet, ce n'est point assez d'avoir bâti un monument immortel destiné à abriter des créatures périssables, il faut indiquer qu'au delà du monument, plus haut que l'angle du fronton, plus haut que le nuage qui s'y repose, plus haut que le soleil qui y répand ses rayons d'or, il y a Dieu. — Dieu qui a pris notre âme dans son âme, Dieu qui est tout feu et toute lumière, — source éternelle de vie et d'amour, de beau et de bien, d'intelligence et de vertu.

Quel sera le culte de ce Dieu ? Platon appelle Dieu lui-même à commander ou à inspirer les solennités de son culte. « Laissons à Apollon Delphien le soin de faire les plus grandes et les plus belles lois de la république, celles qui regardent la construction des temples, les sacrifices, le culte des dieux, des génies et des héros, les funérailles et les cérémonies qui apaisent les mânes désolés.

Là où nous fondons la république, il ne serait pas sage de nous en rapporter à d'autres hommes ni de consulter d'autre interprète que les hommes et l'interprète du pays. Or, le dieu de Delphes est en matière de religion notre interprète naturel, puisqu'il a choisi le *nombril* de la terre pour rendre de là ses oracles. »

Notre âme, dit Platon, est immortelle. L'ophthalmie est le mal des yeux ; la maladie, celui du corps ; la nielle, celui du blé ; la rouille, celui du fer. Toute chose visible porte en elle un principe de corruption, qui la détruit peu à peu ; mais l'âme est un feu qui subit toutes les atteintes du mal invisible sans y périr, parce qu'elle est d'origine céleste et que les mauvaises passions de la terre s'y viennent consumer. Pour bien reconnaître l'âme, son origine, ses destinées, il faut la voir par les yeux de l'esprit, non pas dans son puits de ténèbres, mais comme la radieuse Vérité, qui est toute nue sur la margelle du puits. C'est seulement ainsi que nous découvrirons ses aspirations vers tout ce qui est divin et impérissable.

« Nous devinons ce qu'elle devient quand elle s'abandonne avec ferveur à cette sublime pour-

suite vers le ciel, quand elle s'élance par un noble
effort du fond de cette mer écumante où elle est
plongée, quand elle se détache des cailloux et des
coquillages qui s'attachent à elle par la nécessité
où elle est de se nourrir des choses terrestres. »
Quoique d'origine céleste, quoique destinée à re-
voir son pays, l'âme, selon Platon, arrive quelquefois souillée devant les juges par un feu impur.
Il se sert du récit de Her, l'Arménien, pour indiquer la récompense de l'âme du juste et la punition de l'âme de l'injuste : la première, comme
un oiseau amoureux de l'azur, déploie ses ailes
dans les routes du ciel ; la seconde est condamnée
aux ténèbres. Comme plus tard le Juif-Errant,
elles étaient condamnées à la poussière de la route.
Entre le ciel et la terre, selon l'Arménien, il y a
un point de rencontre où les justes et les injustes
viennent, après un voyage de mille ans, se parler
du paradis et de l'enfer. « C'est une prairie où
elles se saluent et se demandent des nouvelles de
ce qui se passe au ciel ou sous la terre. Les unes
racontent leurs aventures avec des gémissements
et des pleurs arrachés par le souvenir de leurs
souffrances ou le spectacle des souffrances des

autres ; les autres racontent toutes les joies, toutes les délices, toutes les merveilles, tous les enchantements du ciel. » Les Grecs avaient aussi entrevu le paradis et l'enfer. C'est toujours le même tableau, seulement le peintre est plus ou moins coloriste. C'est toujours la même idée et la même poésie avec un autre penseur et un autre poëte.

Cependant, après avoir voyagé dans tous les enchantements du royaume — ou de la république de Dieu — les âmes des justes, purifiées par l'azur et le feu du ciel, « doivent recommencer une nouvelle carrière et rentrer dans un corps mortel. Le génie ne vous choisira point, vous choisirez chacun le vôtre. La première âme que le sort désignera choisira sa place dans le monde. » Her a vu Orphée choisir la condition du cygne, « en haine des femmes, qui lui avaient donné la mort autrefois, car il ne voulait devoir sa naissance à aucune d'elles. » L'âme de Tamyris avait choisi la condition de rossignol, tandis que des cygnes et des rossignols tentaient les périls de la condition humaine. Je veux être lion, dit l'âme d'Ajax, car je me souviens trop de l'affront que j'ai subi dans le jugement des armes d'Achille. Je veux être

Pauvre âme, rayonnement de mon argile pécheresse, dupée par ces rebelles puissances qui t'enveloppent, pourquoi languis-tu en moi et consens-tu à souffrir de la misère quand tu portes sur tes murs extérieurs de gais ornements si ruineux?

Pourquoi ayant un bail si court faire de telles dépenses pour ta maison destinée à la ruine? Veux-tu donc qu'ils dévorent tout cela, les vers qui seront les héritiers de ce luxe orgueilleux? Allons, mon âme, ne travaille pas pour la fin de ton corps.

Mon âme, il te faut vivre au détriment de ton serviteur; qu'importe s'il languit si c'est pour augmenter ton abondance? Achète des assurances divines et vends des heures de rebut. Sois riche au dedans, sois pauvre au dehors.

C'est ainsi que tu te nourriras de la mort qui se nourrit des hommes. Et la mort une fois morte il n'y aura plus à mourir; il n'y aura plus à mourir parce que ce sera le pas des dieux vers la vie éternelle.

La force de la poésie sur la philosophie, c'est qu'elle est un soleil, quand la philosophie n'est qu'une lampe, si elle n'est pas une lanterne sourde. Chez les poëtes, l'éloquence est lumineuse, parce que la poésie vit d'espace, tandis que la philosophie, penchée sur les abîmes du doute, attardée aux heures anxieuses de l'expérience, enveloppée dans les nuages de la science, n'ose prendre son vol vers l'inaccessible de peur de perdre pied. Sous prétexte que son point de départ est la raison humaine, elle ne veut point se risquer dans les régions surnaturelles. Et ce qui achève de donner un cours forcé à l'or des poëtes, c'est que la médaille est bien frappée. La poésie aime les images, la philosophie fuit par système les pompes du style : bien mieux elle se renferme obstinément dans un jargon savant qui lui donne un air de pédantisme, dont les poëtes comiques n'ont pas fait justice encore. Le jargon est à la langue ce que le caillou du Rhin est au diamant *.

Il faut être initié pour lire les philosophes, mais quand on est initié, quand on a traversé toutes les hypothèses, depuis Pythagore jusqu'à Lucrèce, depuis Platon jusqu'à Spinosa, depuis jamais jusqu'à toujours, qu'a-t-on trouvé ? Les déserts de l'esprit humain peuplés de mots grecs et latins plus ou moins francisés, de néologismes ambitieux, de théories indéchiffrables. En vain y rencontre-t-on çà et là quelques images de ce poëte qui s'appelait Platon, dont les philo-

* La philosophie contemporaine a habillé la métaphysique d'une robe à la fois transparente et colorée qui accentue sa physionomie au lieu de la masquer. M. Paul Janet a dit : C'est le don du métaphysicien d'exprimer ses idées dans une langue concrète, accentuée, colorée, et de faire ressortir l'idée par le relief de l'expression. Les Allemands ont quelquefois ce don ;

A-t-il étudié de près les enfers du remords, les fièvres cachées, les insomnies dévorantes, louves affamées qui déchirent l'âme comme le corps?

M. de Maistre, qui croit à la justice future mais qui veut la justice temporelle, cite, pour se donner raison, Brahma sur la législation indienne. « Brahma créa à l'usage des rois le génie des peines. Ce génie est la justice elle-même, le protecteur de tout ce qui est créé. Par le respect de ce génie de la justice et des peines qui la défendent ou la rétablissent, tous les êtres sensibles, qu'ils soient mobiles ou immobiles, sont contenus dans la jouissance légitime de leur nature et ne s'écartent pas impunément de leur devoir. Que le roi donc, après avoir bien considéré la loi divine, inflige justement les peines à ceux qui agissent injustement! Le châtiment est un gouverneur actif; il régit et il défend l'humanité; il veille pendant que les gardes dorment. Le sage considère le châtiment comme la perfection de la justice. Qu'un roi indolent cesse de punir le méchant, le plus fort martyrisera le plus faible. La race entière des hommes est retenue dans l'ordre par la peine, car l'innocence est rare. Il n'y aurait que désordre et iniquité parmi les hommes si la peine cessait d'être administrée ou si elle l'était injustement ; mais, lorsque la peine à l'œil de feu se montre pour anéantir le crime, le peuple est sauvé. »

Mais pourquoi les philosophes invoquent-ils cette grande idée de la justice humaine pour ne pas reconnaître la justice divine ; il faut deux justices, celle des hommes et celle de Dieu ; on pourrait presque dire que l'une ne frappe que les âmes comme l'autre ne frappe que les corps.

Pourquoi le commencement de la justice sur la terre ne serait-ce pas déjà la marque du doigt de Dieu ? Comment ne pas reconnaître que la vie terrestre n'est qu'un point de départ, l'introduction vague mais déjà lumineuse de la vie future.

La pensée — l'âme fuyant sa maison — court l'aventure sans tenir compte de la sagesse que Dieu a déjà mise en nous. Pourquoi toujours étudier hors de nous-même, dans les nuées, sans connaître le ciel ?

Pascal a presque toujours passé à côté de la vie sans l'aimer, comme ont fait tant de philoso-

phes. — Marie a-t-elle raison contre Marthe? et
vivre de ce qui est éternel, est-ce plus vivre encore que de vivre de la mort de chaque jour? —
Que lui importait son carrosse à six chevaux, à
lui qui déjà ne sentait pas la terre sous ses pieds?
Que lui importait la femme, à lui qui avait mis
sur son cœur l'amulette de l'adoration perpétuelle? Quel sermon plus éloquent, contre l'enfer
du désir humain, que sa rencontre avec cette belle
mendiante qui lui demandait du pain et à qui il
donna Dieu, la conduisant à son bras dans les ténèbres du couvent, afin que le soleil, ce complice
de toutes les damnations, n'éclairât plus pour les
regards mortels ce chef-d'œuvre de beauté, qui
eût bientôt mendié son pain à la porte de l'a-
mour! C'était donner le ciel contre la terre. Quiconque fait cela voit par delà les nuages.

Si Pascal s'est trompé pour les autres, il ne
s'est pas trompé pour lui-même. On devrait toujours imprimer au frontispice de ses œuvres ce
blason qu'il s'était donné, lui gentilhomme du
Christ : un ciel dans une couronne d'épines, avec
cet exergue : *Scio cui credidi!* Je sais en qui
j'ai foi! D'ailleurs, comme le disait Napoléon à

Sainte-Hélène, la question c'est de bien finir. Pascal avait sacrifié toutes les joies naturelles de la vie; il en avait subi, avec la pâle volupté du martyre, toutes les angoisses et tous les crucifiements; mais il commença dès ce monde à jouir de son éternité; d'une main appuyant les pointes ensanglantées du cilice dans les chairs de ce cœur qui n'avait battu que pour Dieu, et de l'autre tenant déjà la palme verte. Socrate avait bu la ciguë avec la résignation du fatalisme antique; Pascal vida la coupe avec la confiance du chrétien rassuré sur les divines promesses. Pascal mourut, laissant sa maison à un pauvre et regrettant chez sa sœur de ne pouvoir mourir dans la maison des pauvres. Ce jour-là l'humanité poussa un grand cri d'espérance en ce dernier cri de Pascal, soldat tombé dans sa victoire : « Joie! joie en Dieu! »

Joie! joie en Dieu! s'écriait aussi Goëthe. Le païen n'a-t-il pas dit, un jour qu'il débrouillait les nuages : « A mesure que nous nous élevons vers l'immortel nous augmentons nos droits à l'immortalité. » Plus nous avons d'idéal, plus nous avons de lumière.

On connaît la philosophie de Goëthe : pour être
la rêverie d'un poëte, elle n'en est pas moins la sagesse. C'est lui qui a dit que les âmes communes, celles qui n'ont pas lutté pour la grandeur de
l'humanité, celles qui n'ont eu ni les héroïsmes
du combat, ni les vertiges de la pensée, ni les
conquêtes de la science, ni l'auréole de l'art re-
tomberont aux adieux du corps humain dans les
ténèbres inférieures, dans l'empire absolu du
mal. Elles auront perdu leur vent, tandis que les
monades supérieures iront à la terre promise.

Goëthe voyait déjà Wieland lui apparaître,
comme une étoile de première grandeur, donnant
sa lumière gaie et sympathique, répandant tout
autour d'elle « la joie et le rafraîchissement. »
Comme a si bien dit M. Edme Caro, illuminé de
la lumière poétique et du génie de Goëthe, tout
en le jugeant avec le coup d'œil plus clair du génie
français [1]. « Ces âmes immortelles doivent avoir
conscience du passé, mais seulement si on entend

* Goëthe, comme Dante, comme Shakespeare, sera longtemps la lumière et l'ombre pour la critique. M. Caro s'est
attaqué au chaos du génie allemand et y a trouvé Dieu. La
Philosophie de Goëthe est un vrai livre où le philosophe chrétien explique le poëte païen dans un horizon plus reposé.

la conscience d'une façon générale et historique. Les événements purement personnels tombent dans la nuit; le souvenir n'éclaire que quelques grands moments. Les événements considérables de l'histoire du monde seuls sont dignes d'entrer dans une seconde mémoire. Tout le reste doit périr. Il y a là, selon Goëthe, une belle explication de ces subites clartés du génie sur les grandes lois qui ont présidé à la naissance de l'univers. Une forte tension de l'esprit n'aurait pas suffi : il a fallu un souvenir qui, comme un éclair, illumine nos ténèbres, souvenir de la création à laquelle notre âme peut-être assistait. Ainsi la monade d'un monde peut, du sein obscur de ses souvenirs, faire sortir des idées qui auront les apparences d'idées prophétiques et qui cependant ne seront peut-être que les souvenirs confus d'une vie antérieure écoulée : lueurs subites et passagères qui, sortant du fond des mondes et de la nuit des siècles, viennent un instant briller dans la mémoire des hautes intelligences. »

Mais ne retrouve-t-on pas d'ailleurs dans tous les philosophes ces mêmes idées sous d'autres images ? Épictète n'a-t-il pas parlé de cette immense monarchie d'âmes ou de monades, depuis les âmes des étoiles jusqu'aux âmes des fourmis ; depuis les âmes des chênes séculaires jusqu'aux âmes des roses qui ne vivent qu'une heure ? Pourquoi les âmes humaines ne seraient-elles pas également hiérarchiques dans leur immortalité, et n'y a-t-il pas l'immortalité lumineuse comme l'immortalité des ténèbres ? Quand le corps se dissout, les âmes inférieures retombent au creuset, les unes à la terre, les autres à l'eau, celles-là à l'air, celles-là au feu ; tandis que les âmes qui ont aspiré à la grande patrie du Bien et du Beau s'envolent dans leur blanche sérénité vers les stations divines.

V

Au XVIIIe siècle, nous ne poserons un point d'interrogation que devant Voltaire. N'est-il pas tout l'esprit de son temps ? Et d'ailleurs, quand on ne s'incline pas devant la foi, c'est à la porte des sceptiques seuls qu'il faut frapper.

Voltaire avait fini par dire que chaque fois qu'on s'approchait de la métaphysique, il fallait « commencer par une soumission sincère aux dogmes indubitables de l'Église, la révélation valant mieux que toute la philosophie, parce que si les systèmes exercent l'esprit, la foi l'éclaire. » Ce qui n'empêcha pas Voltaire de chercher son salut hors l'église. Car l'esprit est ainsi fait : que s'il arrivait à la recherche de la vérité, il ne serait pas encore convaincu. Ainsi les Grecs, après avoir nié l'âme, en ont créé trois : Psyché, l'Ame sensitive ; Pneuma, l'âme qui donne la vie ; et Noüs, l'Intelligence. C'était trop de deux. Pourtant on pouvait encore dire qu'il y avait deux âmes : la sensitive et la rêveuse. Mais pourquoi la troisième, quoique Saint-Thomas d'Aquin et tous les péripatéticiens se soient épuisés sur toutes les trois ? Il était si simple de se mettre d'accord en décidant qu'il y avait une âme et qu'il y avait un corps : l'âme étant l'intelligence, et le corps étant la sensitive.

Platon, selon Voltaire, est le premier qui ait

subtilisé l'âme jusqu'à la séparer du corps. Voltaire aurait dû dire que Platon n'avait pas à subtiliser l'âme, mais qu'il subtilisa le corps lui-même, pour que l'âme conservât toujours la forme ou la vision du corps. Sans doute Platon voyait la forme humaine dans l'âme divine, même après la mort, par les mânes qui lui apparaissaient dans les songes : une âme d'air et de feu venant du ciel et errant sur la terre.

Tous ceux qui ont disputé sur l'Évangile, font tour à tour l'âme corporelle et incorporelle. *Corporalitas animæ in ipso Evangelio relucescit.* Mais l'Église a décidé que l'âme est immatérielle, quoique l'âme soit une image et qu'il n'y a point d'image qui représente l'esprit.

Voltaire a dit : « Nous avons osé mettre en question si l'âme est créée avant nous, si elle arrive du néant dans notre corps, à quel âge elle y est venue, si elle y a reçu ou apporté des idées, si, après nous avoir animé quelques moments, son essence est de vivre après nous dans l'Éternité, sans l'intervention de Dieu? Si, étant esprit, et Dieu étant esprit, ils sont l'un et l'autre d'une nature semblable ? » Et Voltaire ajoute avec sa

raison voltairienne : « Ces questions paraissent
sublimes ; que sont-elles ? des questions d'aveu-
gle-né sur la lumière. »

Mais l'aveugle sent le soleil. Voltaire, après
avoir parlé de notre conscience, « cette parcelle
de Dieu tombée en nous, » trouve dans la nature
l'âme de Dieu et veut que l'amour de Dieu rem-
plisse le monde. Mais on a allumé assez de bû-
chers et l'inquisition a fait son temps. Voltaire
ne veut plus entendre sonner les matines de la
Saint-Barthélemy. Il permet à Galilée de tourner
autour du soleil, et à Spinosa de voir Dieu partout,
— ou même de ne le trouver nulle part.

Quand Voltaire avait passé trois heures dans
sa bibliothèque, il allait se reposer dans son parc,
sous quelque ramée chantante, où la nature, qui
ne parle ni hébreu, ni grec, ni latin, comme a dit
Malebranche, lui prouvait, dans son éloquence,
le néant des systèmes. « O mon Dieu ! je te cherche : où es-tu ? » disait-il après une injure à Pa-
touillet et avant une aumône faite à deux mains,
ne se rappelant pas sans doute les paroles de
saint Jean : « Quand nous verrons Dieu tel qu'il
est, nous serons semblables à lui, » ou les paroles

de saint Augustin sur la sagesse éternelle, qui ne parle à la créature que dans le secret de sa maison. C'était tous les jours pour Voltaire un nouveau voyage dans les profondeurs plus ou moins ténébreuses, plus ou moins étoilées. Il portait jusque dans les abîmes de la pensée humaine le flambeau de la raison. Seulement, tout émerveillé par les hypothèses lumineuses de la philosophie, comme l'astrologue par les étoiles dans le ciel nocturne, il se laissait tomber dans le puits de la vérité et y éteignait son flambeau.

Comme Socrate, Voltaire ose méconnaître les dieux de son pays; il cherche Dieu hors de l'Église; il s'incline devant le Christ, mais sans plus d'émotion que s'il passait devant Platon. Selon Platon, Dieu nous a donné deux ailes pour aller à lui, l'amour et la raison. Jésus dit que l'amour est la souveraine raison. Mais Voltaire ne croit pas que l'amour dise le dernier mot, et il interroge sa raison. « Si un catéchisme annonce Dieu aux enfants, Newton le démontre aux sages. Le mouvement des astres, celui de notre petite terre autour du soleil, tout s'opère en vertu des lois de la mathématique la plus profonde. Comment Platon, Platon qui ne savait pas la trigonométrie sphérique, a-t-il eu cependant un génie assez beau, un instinct assez heureux pour appeler Dieu *l'éternel géomètre*, pour sentir qu'il existe une intelligence formatrice ? Spinosa lui-même l'avoue. Il est impossible de se débattre contre cette vérité qui nous environne et qui nous presse de tous côtés. Mais, où est l'éternel géomètre ? Est-il en un lieu, ou en tout lieu, sans occuper d'espace ? je n'en sais rien. Est-ce de sa propre substance qu'il a arrangé toutes choses ? je n'en sais rien. Est-il immense sans quantité ou sans qualité ? je n'en sais rien. Tout ce que je sais, c'est qu'il faut l'adorer et être juste. »

C'est la parole du sage sinon du chrétien. Plus tard il cherchera et ne trouvera pas mieux l'image du Créateur. « Si le Phlégéthon et le Cocyte n'existent point, cela n'empêche pas que Dieu existe. Je veux mépriser les fables et adorer la vérité. Si on m'a peint Dieu comme un tyran ridicule, je ne le croirai pas moins sage et moins juste. Je ne dirai pas, avec Orphée, que les ombres des hommes vertueux se promènent dans les Champs-Élysées ; je n'admettrai point la mé-

tempsycose des pharisiens, encore moins l'anéantissement de l'âme avec les sadducéens. Je recon-
naîtrai une Providence éternèlle, sans oser deviner
quels seront les moyens et les effets de sa miséricorde et de sa justice. Je n'abuserai point de la
raison que Dieu m'a donnée ; je croirai qu'il y a
du vice et de la vertu, comme il y a de la santé et
de la maladie ; et enfin, puisqu'un pouvoir invisible, dont je sens continuellement l'influence, m'a
fait un être pensant et agissant, je conclurai que
mes pensées et mes actions doivent être dignes de
ce pouvoir qui m'a fait naître. »

Voltaire philosophe dit qu'il vaut mieux renon-
cer aux dogmes d'Épicure qu'à la raison. Il n'a
qu'un dogme : la raison. Mais il a le tort de
n'avoir pas d'autre loi en religion. Sans l'amour,
comment montera-t-il jusqu'à Dieu ? « Il y a l'infini entre Dieu et nous. « Est-ce avec le compas
de la géométrie qu'il mesurera les espaces ? En
vain il va de Lucrèce à Spinosa, n'étudiant que
le monde visible et cherchant le grand mot dans
la nature. Mais il se détourne et lève les yeux :
« Nous ignorons ce qui pense en nous. « Il appelle
Dieu, il croit au lendemain de sa vie : « Nous ne

pouvons savoir si cet être inconnu ne survivra pas à notre corps. » Il reconnaît que ce n'est pas seulement M. de Voltaire qui pense en lui; il est possédé d'un esprit qui a vécu et qui vivra, une monade, une flamme, un démon, un dieu, et il décide que « l'immortalité de l'âme n'est pas une vérité probable, mais une vérité mathématique. Dieu est sage, il proportionne les moyens à la fin; or la destinée de l'âme est immense, et la vie physique mesurée à quelques jours. Dieu est juste; il donne ou donnera à chacun selon ses œuvres. »

Les ennemis de Voltaire l'expliquent à leur gré, comme les impies expliquent l'Évangile. On le prend au mot sur une lettre ou une satire échappée à la colère du moment; on le condamne, grâce à une contradiction inspirée un jour de bataille. Voltaire ne prévoyait pas qu'on réimprimerait après lui ses cris de bataille. On n'a fait grâce à sa personne d'aucun billet, même des billets de confession.

VI

Si Voltaire nous a dit son secret au XVIIIe siècle, qui donc, si ce n'est Hugo, doit dire le sien
au siècle présent? Les athées l'écoutent comme
les croyants.

Nous dînions hier chez Victor Hugo. Nous
étions quatre croyants et quatre athées. Je ne
parle pas des femmes qui ne sont pas assez bêtes
pour ne pas croire à Dieu. Naturellement Hugo
était parmi les croyants. « Croire à Dieu c'est ne
croire à rien, lui dit un des athées. — Croire à
Dieu c'est croire à tout, s'écria Victor Hugo.
Croire à tout c'est croire à l'infini, c'est croire à
son âme. Je vais vous en donner des preuves. »

La figure de Victor Hugo s'illumina d'une auréole. Vous savez qu'il est né quand le siècle avait
deux ans. Sa tête est couronnée de cheveux blancs;
mais c'est le volcan sous la neige; son front c'est
le Mont-Olympe; ses yeux brillent comme des

charbons ardents; son sourcil se contracte comme celui d'un olympien. Le nez est fin avec des narines palpitantes; la bouche est gourmande et railleuse, toujours armée des dents les plus vaillantes; le menton achève un profil dessiné selon les lois de la grammaire des arts modernes. C'est une tête bien faite sur un corps robuste.

Entendons-nous : robuste ne veut pas dire énorme. Hugo n'a pas la taille d'Encelade ni le torse d'Hercule, mais il est tout acier : aussi n'a-t-il rien du vieillard. Il a toute l'agilité, toute la souplesse, toute la désinvolture des belles années.

Il porte vertement sa troisième ou quatrième jeunesse : « Je sens en moi, nous a-t-il dit, toute une vie nouvelle, toute une vie future; je suis comme la forêt qu'on a plusieurs fois abattue : les jeunes pousses sont de plus en plus fortes et vivaces. Je monte, je monte, je monte vers l'infini. Tout est rayonnant sur mon front; la terre me donne sa séve généreuse, mais le ciel m'illumine du reflet des mondes entrevus. Vous dites que l'âme n'est que l'expression des forces corporelles : pourquoi alors mon âme est-elle plus lumineuse, quand les forces corporelles vont bientôt m'abandonner?

L'hiver est sur ma tête, le printemps éternel est
dans mon âme; j'y respire à cette heure les lilas,
les violettes et les roses, comme à vingt ans. Plus
j'approche du but et plus j'écoute autour de moi
les immortelles symphonies des mondes qui m'appellent. C'est merveilleux et c'est simple. C'est un
conte de fées, mais c'est une histoire. Il y a tout
un demi-siècle que j'écris ma pensée en prose et
en vers, histoire, philosophie, drame, roman,
légende, satire, ode, chanson, j'ai tout tenté;
mais je sens que je n'ai dit que la millième partie
de ce qui est en moi. Quand je me coucherai dans
la tombe, je pourrai dire comme tant d'autres :
J'ai fini ma journée! Mais je ne dirai pas : J'ai
fini ma vie. Ma journée recommencera le lendemain matin. La tombe n'est pas une impasse,
c'est une avenue : elle se ferme sur le crépuscule,
elle se rouvre sur l'aurore. Si je ne perds pas une
heure c'est parce que j'aime ce monde comme une
patrie, parce que la vérité me tourmente comme
elle a tourmenté Voltaire, ce Dieu humain. Mon
œuvre n'est qu'un commencement, mon monument est à peine sorti de terre, je voudrais le voir
monter, monter encore, monter toujours. La soif

de l'infini prouve l'infini. Qu'en dites-vous, messieurs les athées ?

Le premier athée a répondu : — Je dis que vous êtes un homme merveilleux. — Je ne suis pas un homme merveilleux, j'obéis à mon âme. Mon âme a sa destinée, elle obéit elle-même à des lois inconnues. — Elle obéit aux lois de la création. Si la migraine vous prenait tout à l'heure, la nuit se ferait en vous, vous sentiriez que votre âme ne prend sa vie que dans votre cerveau. Par exemple, voilà qu'on sert le café : buvez-en comme moi dans cette jolie tasse japonaise, vous allumerez votre sang, vous serez encore plus poëte pendant une heure. — Ne me dites pas une pareille bêtise, ô homme d'esprit ! Je ne bois ni café ni vin de Champagne. Pourquoi donc ceux qui boivent des surexcitants ne font-ils ni mes vers ni ma prose ? — C'est que la nature ne leur a pas bien façonné le cerveau. — Ah ! je vous y prends ! s'écria Victor Hugo : qu'est-ce que la nature ? — C'est une force occulte, répondit le second athée. — Il n'y a pas de forces occultes, il n'y a que des forces lumineuses. La force occulte c'était le chaos, la force lumineuse c'est Dieu. Écoutez-moi : L'homme

n'est qu'un infiniment petit exemplaire de Dieu,
l'édition in-32 de l'in-folio gigantesque, mais c'est
le même livre. Gloire inouïe pour l'homme! Je
suis l'homme, moi, une parcelle invisible, une
goutte de l'océan, un grain de sable du rivage. Tout
petit que je sois, je me sens Dieu parce que moi
aussi je débrouille le chaos qui est en moi; je fais
des livres — je veux dire des rêves — qui sont
des mondes. Oh! je parle sans orgueil, car je n'ai
pas plus de vanité que la fourmi qui bâtit des
Babylones, pas plus de vanité que le petit des
oiseaux qui chante dans l'hymne universel. Je ne
suis rien. Ci-gît Victor Hugo, un abîme, un écho
qui passe, un nuage qui fuit, une vague qui mord
la rive, je ne suis rien, mais laissez-moi vivre
toutes mes existences futures, laissez-moi continuer mon œuvre commencée, laissez-moi gravir
de siècle en siècle tous les rochers, tous les périls,
tous les amours, toutes les passions, toutes
les angoisses. Qui vous dit qu'un jour, après
mille et mille ascensions, je n'aurai pas comme
tous les hommes de bonne volonté conquis une
place de ministre au suprême conseil de cet adorable tyran qu'on appelle Dieu! »

Victor Hugo, qui disait tout cela dans sa langue ardente et colorée, y laissait percer un peu de raillerie au coin des lèvres. Mais la foi en Dieu débordait de son âme.

A ce dîner où il a été éblouissant, Victor Hugo n'a pas convaincu les athées, mais il les a charmés, mais il leur a prouvé leur néant en face de son génie.

VI

En revenant chez moi, vers minuit, à l'heure où les mille et les millions d'étoiles chantent là-haut les poëmes de l'harmonie et de la lumière, je me posais, quoique je fusse un des quatre croyants du dîner, l'éternel point d'interrogation de l'immortalité de l'âme.

Que de fois encore j'essayai de donner tort à ma raison, à mon cœur, à mon âme. C'est avec toutes les forces de mon âme que je voulais me prouver que l'âme n'existait pas.

Le croyant a ses quarts d'heure de doute, l'athée a ses heures d'effroi. « Si Dieu n'existait pas ! dit le croyant. — S'il y avait un Dieu ! dit l'athée. » C'est que Dieu a voulu être présent et absent pour que ceux qui le nient le voient, pour que ceux qui l'aiment le cherchent.

Il y a donc dans chaque homme un croyant et un athée. Dans mes quarts d'heure de doute, si j'écoute mon cœur et mon esprit, voici ce que j'entends :

L'esprit. — Dieu a voulu déjouer la logique humaine : comme nous n'entrons jamais dans la coulisse du théâtre où il joue son grand rôle, nous n'avons pas le secret de la comédie. Par exemple : comment Dieu, qui doit être le bon Dieu, a-t-il pu nous condamner à l'origine dans la figure d'Adam et d'Ève ? Puisqu'il était Dieu, c'est-à-dire l'universel et l'infini, il savait que la femme pécherait et entraînerait l'homme dans sa chute ; c'était donc un jeu cruel. Quel est le père de famille qui voudrait condamner ainsi d'avance toute sa lignée ?

Le cœur. — Dieu n'a voulu la chute que pour la rédemption. A moins que Dieu ne sache pas mieux que nous l'histoire du lendemain, entraîné lui-même dans le tourbillon des mondes qu'il a créés, mais qu'il ne domine pas, comme un père de famille qui ne gouverne pas ses enfants.

L'ESPRIT. — Un Dieu aveugle ! Il est bien plus simple de dire que Dieu n'existe pas.

LE CŒUR. — Si Dieu n'existait pas, nous n'aurions pas l'idée de Dieu.

L'ESPRIT. — Puisque le monde est éternel, c'est qu'il n'a pas eu de commencement. Que serait venu faire Dieu ?

LE CŒUR. — Et le chaos ?

L'ESPRIT. — Es-tu bien sûr que le chaos ne soit pas encore le chaos, et qu'il ne sera pas toujours le chaos ? Dieu n'est pas autre chose que la vie universelle ; c'est le pain et le vin du cénacle. Nous avons tous notre part de divinité passagère, comme les vagues de l'océan ont leur part de soleil.

LE CŒUR. — Il n'est pas plus difficile de croire à la Trinité.

L'ESPRIT. — La Trinité ? c'est le Vrai, le Bien et le Beau, trois figures en une seule, ou une figure à trois faces. Les philosophes de l'antiquité ne disaient-ils pas que ces trois grandes vertus, qui ne vivaient que dans l'âme des hommes, étaient supérieures à tous les hommes ?

LE CŒUR. — **A** tous les dieux fainéants de

l'Olympe, puisque le Vrai, le Beau, le Bien, inspiraient des idées, des œuvres, des actions.

L'ESPRIT. — Voilà les trois types de l'humanité, voilà les trois dieux, les trois dieux éternels.

LE CŒUR. — Ce sont les trois dieux de notre âme ; mais les dieux de notre corps ?

L'ESPRIT. — Ce sont les trois dieux de la nature : l'air, le feu, l'eau.

LE CŒUR. — Et que fais-tu de la terre ?

L'ESPRIT. — C'est l'homme qui est la terre, berceau et tombeau de la vie universelle. Écoute bien : pour moi, la force n'est pas sur les choses, mais dans les choses. Rien de ce qui se fait sur la terre n'est l'œuvre du ciel. Héraclite avait raison : l'univers n'a été créé ni par les dieux ni par les hommes ; il a été et sera toujours un feu vivant qui se ranime et qui s'éteint, pour se ranimer encore. Mais Héraclite était timide dans ses idées, car il fait apparaître Jupiter, quand il dit que la comédie du monde est un jeu que Jupiter joue avec lui-même. Moi, je ne reconnais de Dieu que dans l'imagination des poëtes et des femmes.

LE CŒUR. — Ce sont les voyants.

L'ESPRIT. — Ce ne sont pas les dieux qui ont

créé l'homme à leur image, mais ce sont les hommes qui ont créé Dieu à leur image. Ou plutôt ce sont les hommes qui sont les dieux, puisqu'ils ont la puissance créatrice, matérielle et immatérielle, le Réel et l'Idéal. Corneille a créé Mlle Corneille et Chimène ; Shakspeare a mis au monde Hamlet et ce poëte Davenant « le bâtard de Shakspeare ; » Molière a fait Mlle Molière et Célimène. Quelle folie que de vouloir toujours qu'un Dieu se cache dans la coulisse pour faire mouvoir les polichinelles et les poupées de la scène du monde ! De même que nous respirons pour notre corps l'air vivifiant, notre front allume sa pensée dans un rayonnement, invisible comme l'air, mais qui est la source de feu de toute pensée. Il y a la lumière pour l'esprit comme la lumière pour les yeux.

Le cœur. — La lumière de l'esprit, c'est le reflet de Dieu.

L'esprit. — Tout homme est un monument d'architecture, l'œuvre la plus réussie de ce grand architecte qui s'appelle la Nature. Et ma comparaison n'est pas un jeu de rhétorique. Écoute bien : l'homme est comme une maison plus ou moins ouverte à la lumière qui passe ; si les fenêtres sont basses, si l'architecture gothique a dominé, si elle est ombragée par des monuments ou des arbres, elle est sombre, on y respire mal ; c'est l'antre des visions nocturnes ; si, au contraire, elle est bâtie sur la montagne, dans le style grec, la lumière y vient toute rayonnante ; c'est la demeure de l'Intelligence et de la Vérité. Il faut donc que les fenêtres de l'homme soient bien ouvertes sur la lumière de l'esprit, cette auréole de tout front qui pense. Tous les grands hommes ont vu par de grandes fenêtres.

Le cœur. — Mais qui a fait la lumière pour la maison de l'âme ?

L'esprit. — L'action du chaos. Ne laissons pas tomber la maison en ruines, nous ne retrouverions plus l'âme. Prends garde, ô mon cœur ! Quand ma maison tombera en ruines, tout sera dit, tout sera fini. La lumière — mon intelligence — ne mourra pas, parce que rien ne meurt, mais elle éclairera une autre maison mortelle qui ne s'appellera plus comme je m'appelle. Souviens-toi de ce qu'a dit le grand Shakspeare : « César changé en argile, lui qui faisait trembler le monde, servira à boucher le trou d'un mur pour repousser le vent. » Et aujourd'hui ectte lumière qui s'appelait César, qui sait si elle ne s'éteint pas dans un idiot, parce que les fenêtres de son cerveau auront été manquées ! Pauvres hommes que nous sommes, nous nous croyons des phénix : il n'y a qu'un phénix, c'est la terre toujours réduite en cendres et toujours renaissante ; que si on veut à tout prix avoir une part d'immortalité, qu'on la prenne là. N'est-ce donc rien que d'avoir sa part d'immortalité dans la matière, cette matière qui est sacrée puisquelle est infinie ? Croit-on que saint Bernard, à force de flagellations, ce qui était un sacrilége à la nature, soit parvenu à mieux penser que moi, parce qu'il comprimait ses passions pour faire dominer l'esprit pur ? N'aurait-il pas été un plus grand homme s'il se fût jeté dans les bras d'Héloïse ? C'eût été plus éloquent que de lui parler latin. Vous voulez l'horloger de Genève pour remonter la pendule. L'horloger c'est la nature. Si vous n'avez pas de télescope pour bien voir, prenez les yeux de cet astronome qui a dit : « Je suis monté au ciel et je n'y ai pas trouvé Dieu. »

Le cœur. — Il n'eût même pas trouvé la Vérité en tombant dans le puits.

L'esprit. — Nous avons trop d'esprit pour faire de l'esprit : la mécanique céleste ne montre jamais la main de Dieu. Ni dans l'espace ni dans e temps, il ne faut chercher Dieu, puisqu'on ne doit pas le trouver.

Le cœur. — Orgueil de l'esprit, tu ne parles bien contre Dieu, que parce que c'est Dieu qui parle en toi en se jouant de toi !

VI

LES ATHEES

I

Les athées disent, du haut de leur aveuglement : Le monde n'est qu'une manière animée
jetée dans l'espace, par les lois du mouvement.
La présence d'un Dieu y serait superflue. Il ne
pourrait assister au spectacle des évolutions du
monde que comme un provincial qui vient à une
représentation de l'Opéra. Ces docteurs du Néant
vont plus loin : La pensée, disent-ils, n'est qu'un
mode du mouvement de ce système : l'ouvrier qui
a fait une montre l'a faite à une fin, celle de marquer l'heure ; chaque mouvement de la montre a
sa raison d'être, comme chaque pensée de l'homme
marquant les étapes de sa raison. Le matérialisme se frappe ici en pleine poitrine, puisqu'il

détruit le libre arbitre. Comme l'indique Clarke :
« Il ne faut pas raisonner longtemps pour prouver que des montres ne sont pas des agents moraux religieux et philosophiques. »

Si la pensée n'était qu'une action ne commençant en nous que par l'impression des objets extérieurs, notre âme ne serait autre chose qu'un moulin à vent, ne commençant à tourner que par la force du vent. Or, chaque fois que le vent ne souffle pas, notre âme serait endormie. L'âme ne dort jamais. Elle est d'autant plus éveillée et lumineuse qu'elle se replie sur elle-même. Il ne lui faut donc pas toujours les impressions extérieures ; elle trouve en elle le coup de l'étrier.

Les athées se disent les arrière-petits-fils d'Épicure. Est-ce parce qu'Épicure, après avoir jeté un regard pénétrant et amoureux sur la création, n'y a vu que le jeu perpétuel des forces incréées ? A-t-il donc nié les dieux dans les forces invisibles et inconnues ? C'est surtout dans Lucrèce, qui a revêtu d'une robe étoilée la robe de la poésie, cette philosophie ennemie des nuages, que ceux qui ne veulent croire à rien s'affermissent dans leur aveuglement. J'irai donc droit à Lucrèce, sans m'attarder devant toute la galerie qui commence aux cyniques pour finir aux stoïciens. Que les uns doutent, que les autres affirment, que celui-ci prenne pour principe l'eau, celui-là le feu, ce sont des sages qui n'arrivent pas à la sagesse. S'il est un combattant armé de toutes pièces, c'est Lucrèce, parce qu'il a ouvert sa porte au monde moderne dans l'auréole lumineuse des anciens :

> Ipse Epicurus obît, decurso lumine vitæ,
> Qui genus humanum ingenio superavit, et omnes
> Restinxit stellas exortus uti ætherius sol.

L'antiquité est le grand arsenal des contradictions ; on y a frappé les plus belles armes pour combattre à la fois l'erreur et la vérité. Parmi les penseurs les plus fiers, Lucrèce marche en avant avec la souveraineté de l'éloquence ; il rayonne sur la nature comme le soleil de l'esprit ; c'est le magnifique poëme de la force des choses. Mais, tout en reconnaissant l'action suprême des dieux dans l'harmonie universelle, il ne veut pas que l'homme dépasse la terre, ni par son corps, ni par son âme ; pour lui, d'ailleurs, l'âme et le corps ne sont qu'une unité ; ils naissent et ils meurent en même temps. C'est la vie humaine avec ses deux faces : la vie corporelle et la vie subtile commencent et finissent par la même loi. Ce qui fait la grandeur de Lucrèce, c'est non-seulement son culte ardent pour la nature, c'est que sa parole a le mâle accent de la vérité qui affirme sans douter jamais. Mais heureusement, tout en admirant Lucrèce, on sent le doute monter en soi ; lui-même donne les armes pour le battre. Il avoue que dans la vie universelle, « en se dérobant à nos yeux, les corps ne sont pas anéantis ; de leurs débris, la nature forme des êtres nouveaux ; c'est par la mort des uns qu'elle accorde la vie aux autres ; rien n'est sorti du néant, rien n'y tombe. » Pourquoi limiter l'action de cette vie universelle ? Puisque tout renaît pourquoi l'âme n'aurait-elle pas le privilége des choses corporelles, elle qui par sa subtilité est l'essence de la création ? Lucrèce dit aussi : « Si tout ce qui paraît était anéanti, dans quelle source puiserait la nature ? comment toutes les espèces seraient-elles par Vénus ramenées à la lumière de la vie ? On comprend très-bien que la matière soit rejetée

« dans la source de la vie. » Mais pourquoi l'âme serait-elle condamnée à mourir pour renaître ? « Rien n'est fait de rien, » c'est encore un mot de Lucrèce. Par ce mot, il reeonnaît le pouvoir des dieux. Qui a pu empêcher les dieux, tout en abandonnant les corps au grand laboratoire de la nature, de créer des âmes que ne pourra frapper la mort, parce que la mort ne frappe que ce qui est visible ? C'est en vain qu'en son troisième livre, Lucrèce matérialise l'âme, en la composant d'air, de feu et de vent, en la soumettant aux lois naturelles de l'âme animale. Selon que le feu, l'air et le vent passent par le cœur des hommes, il les compare aux lions, aux cerfs et aux bœufs. Il y a donc parmi les hommes des lions, des cerfs et des bœufs : tout ce qui vit sous le même ciel a d'harmonieuses affinités. Si l'âme était immortelle et toujours transfuge, dit Lucrèce, si elle se trompait de porte, si l'âme d'un cerf entrait dans le corps d'un chien, ce serait le chien qui fuirait devant le cerf. On peut répondre à Lucrèce que la nature a fait des chiens pour être des chiens et des cerfs pour être des cerfs ; les âmes, d'ailleurs, ne se trompent pas, même les âmes des bêtes. Si

elles perpétuent leur existence dans les corps,
elles obéissent à la loi des attractions : plus elles
renaîtront, plus elles feront un mariage harmonieux avec les corps, s'il faut limiter à ce monde
la patrie des âmes ?

Lucrèce se demande : pourquoi l'enfant a-t-il
l'âme d'un enfant et le vieillard l'âme d'un vieillard ? Que voulez-vous que fasse l'âme dans le
corps d'un enfant, sinon se préparer pour apparaître bientôt avec toutes ses forces ? Le poëte dit
que les dieux ont le noble privilége de jouir de
leur immortalité dans une paix profonde. Le héros le plus vaillant ne met-il pas un jour son épée
au fourreau ? J'en dirai autant pour la vieillesse,
tout en rappelant que si la valeur n'attend pas le
nombre des années, elle brave aussi leur déclin.
Dans la bataille de la vie, ne voyez-vous pas tous
les jours des poëtes comme Victor Hugo, des
historiens comme Thiers et comme Mignet, des
artistes comme Ingres, des savants comme Lit-
tré et Dumas, prouver jusqu'aux portes de la
mort la virilité et la jeunesse de leur âme ?

Ce fier Lucrèce qui ne doute pas de sa raison
veut soumettre l'âme à toutes les aventures du

corps ; mais le fier penseur est aussi un poëte
qui ne trompe que ceux qui veulent être trompés.
Combien de fois la santé de l'âme ne contraste-
t-elle pas avec la maladie du corps ? Chaque jour
vous voyez des hommes à bout de forces, déjà
promis au tombeau, qui gardent jusqu'au dernier
souffle l'âme vivante et radieuse.

« Et l'ivresse ! dit le poëte latin, comment me
prouverez-vous qu'une âme divine destinée à
l'immortalité tombe tout à coup dans cette torpeur
ou descende si vite à ces gaietés enfantines ? »
C'est que le vin, qui surexcite le corps, le frappe
aussi d'inertie. C'est que l'âme, elle aussi, a ses
heures de repos. Les fumées de l'ivresse l'ense-
velissent dans un nuage où elle n'a plus que la
liberté des songes comme dans le sommeil. C'est
un peu l'histoire de la folie : l'âme, quel que soit
son vol vers la lumière, est esclave des lois de la
matière ; elle a le droit d'entraîner le corps, par
sa volonté, mais son mariage avec lui est si intime, qu'elle est soumise à toutes les catastrophes
corporelles.

Ne jetons pas l'âme au tombeau, comme fait
Lucrèce ; disons, comme lui, que « rien ne tombe

au néant, ni dans le gouffre du noir Tartare. »
La génération d'aujourd'hui est la semence des
races de demain, qui passeront à leur tour dans
le mobile univers, en se transmettant le flambeau
de la vie. Ce flambeau, c'est l'âme. Cette âme
que Lucrèce appelle l'âme de l'âme, pourquoi limiter son rôle? Puisqu'il a fait de la nature une
divinité, pourquoi cette divinité ne serait-elle pas
l'image visible d'une divinité invisible, comme le
corps est l'image de l'âme? Le miracle de la vie
ne lui a-t-il pas fait pressentir les miracles de
l'intelligence?

II

L'âme est le rayonnement de Dieu, a dit un
philosophe chrétien. Mais l'athée a jugé que l'âme
n'existait pas, puisqu'il n'y avait pas de Dieu.

Connaissez-vous les athées? Ce sont des libres
penseurs d'autant plus libres qu'ils n'ont jamais
pensé à rien. Pour avoir une profession libérale,
ils font profession d'athéisme. Quelques-uns ont
appris l'art de penser comme ceux qui apprennent

l'art de la danse et qui ne trouvent jamais de violons, — l'art d'aimer et qui ne trouvent jamais d'amour, — l'art de gouverner et qui ne sont jamais ministres.

Ils imitent Descartes : ils font table rase pour ne rien mettre sur la table. Mais Descartes y mettait Dieu et l'Évangile. Ils ont renversé ce mot de Descartes : *Je suis, donc je pense.* Ils ne sont pas, puisqu'ils ne pensent pas.

L'esprit ne court plus les rues, surtout depuis que messieurs de la libre pensée ont pris le haut du pavé ; aussi on ne rencontre que des athées. Autrefois c'était le privilége de quelques philosophes qui avaient mal lu Épicure. Mais aujourd'hui l'athéisme s'est emparé de ceux qui ne savent pas lire du tout. On a dit à ceux-ci que Dieu a été créé par les hommes pour faire peur aux enfants. Après tant de révolutions contre les rois de la terre, il fallait bien en finir avec le royaume des cieux.

Seulement, il y a un petit malheur, c'est que tous ces athées qui ont envoyé Dieu à la fosse commune — *ci-gît qui n'a jamais existé* — croient à Dieu. Ils ont beau le nier, ils le sentent debout devant eux. Et plus ils le frappent de leurs vaines colères et plus ils ont peur de lui. Je ne connais pas un athée qui ne croie à Dieu. C'est là sa punition, ce sera son salut.

Dieu a jeté dans l'infini un grain de poussière qu'il a doué de son intelligence. Il a dit que la lumière soit, et la lumière fut. Mais jamais, depuis que le monde est monde, il ne s'est trouvé des hommes plus décidés qu'aujourd'hui à nier la lumière.

Autrefois les Titans se révoltaient contre les dieux. Aujourd'hui ce sont les infiniment petits, j'ai failli dire les imbéciles. Ce serait une comédie fort gaie si elle n'était pas si triste.

Il y a de par la France une nouvelle couche de libres penseurs. Au temps de Pierre Leroux, les petits-fils des encyclopédistes, arrière-petits-fils des épicuriens et des spinosistes, s'étaient baptisés libres penseurs avec un peu d'eau du Jourdain et un peu d'eau de Charenton. Ils discutaient les points noirs du catholicisme, mais ils s'humiliaient encore devant Dieu, voulant un peu brouiller le Père avec le Fils, ce miracle d'indivisibilité. Aujourd'hui, ceux qui sont nés dans la

poussière des libres penseurs ont dit à Dieu lui-
même : « Tu n'es qu'un Jupiter d'opéra ; ton ton-
nerre n'est qu'un bruit de coulisses, ton ciel n'est
qu'une décoction de bleu de Prusse. » Voltaire
dit : *Si Dieu n'existait pas, il faudrait l'inventer.* Ces voltairiens sans Dieu et sans esprit di-
raient volontiers en prose : Si Dieu existait, il
faudrait l'enterrer — civilement.

Et pourquoi ont-ils supprimé Dieu? Les uns
l'ont supprimé parce qu'ils espéraient en même
temps supprimer la conscience; les autres, parce
qu'ils se sont imaginé prendre une part d'autorité divine, comme les révolutionnaires qui se
croient quelque chose quand ils ont détrôné le
roi.

On a beaucoup parlé du dîner des athées. Ces
athées, je les connais, je les connaissais tous, car
plus d'un aujourd'hui a trouvé l'éternelle vérité.
D'abord, le dîner des athées ne s'appelait pas dîner des athées; il s'appelait tout simplement le
dîner du vendredi; ensuite, la plupart des convives
n'étaient nullement des athées. Il y en avait bien
quelques-uns qui s'armaient de la Philosophie et
de la Science pour décréter le Néant, comme si la

Philosophie et la Science n'étaient pas les deux cariatides de plus en plus visibles de l'Idée de Dieu. Mais ceux-là étaient des superstitieux qui jetaient du sel par-dessus leur tête quand la salière était renversée, qui refusaient d'être treize à table, qui voulaient bien dîner un vendredi, parce qu'on dîne tous les jours, mais qui ne se seraient pas embarqués un vendredi. Un des plus terribles portait à son cou une médaille de Vierge; un autre avait une Sainte Famille au chevet de son lit. Le président s'est fait enterrer comme docteur ès athéisme, mais ce jour-là son ennemi Balzac n'eût pas manqué de s'écrier : Sainte Bévue!

Les athées se ravitaillent dans leur citadelle par toutes les belles raisons du matérialisme. L'âme n'existe pas, répètent-ils à tout propos, comme les sourds qui nient la musique. A quoi servirait l'âme? Nous vivons au même titre que les animaux. L'intelligence et le sentiment s'animent au jeu des fonctions vitales; ils s'anéantissent à la dissolution du corps. En un mot, l'âme est inutile à la vie, à peu près comme Dieu, selon Laplace, à la mécanique céleste.

Napoléon a fort sagement répondu à Laplace :

« Vous dites que vous avez partout examiné le ciel et que vous n'avez trouvé la trace de Dieu nulle part ; c'est que Dieu se cachait dans une planète que vous n'avez pas encore découverte *. »

III

Messieurs de la libre pensée forcent volontiers la carte en philosophie ; ils inscrivent sur leur drapeau le nom de tous les philosophes, comme s'ils les eussent enrôlés dans leur troupe ; ils revendiquent surtout Voltaire. Ah! si Voltaire pouvait parler! En voilà un qui, aujourd'hui, ne serait pas voltairien. Voltaire n'irait pas aux banquets et ne suivrait pas le convoi des athées. Autre temps, autre philosophie, car la philosophie est aussi une femme à la mode. Voltaire, qui fut gentilhomme du roi de France, serait à

* On pourrait répondre aussi aux célèbres docteurs de l'athéisme : « Vous avez étudié l'homme comme Laplace étudiait le ciel. Si vous n'y avez pas découvert l'âme, c'est que vous êtes médecin et que vous n'avez trouvé que le cadavre. »

cette heure gentilhomme du Christ. En effet, dans son temps, ne bâtissait-il pas une église — *Voltaire à Dieu* — et n'imprimait-il pas ce beau vers sur le Fils de Dieu :

Il daigna tout nous dire en nous disant d'aimer*.

D'Alembert, chef des encyclopédistes, est aussi revendiqué par les athées; or il ne fut pas content de sa journée, quoique ce fût un sage. On le voyait à ses dernières années courir tout affolé dans les Tuileries. Il semblait se fuir; il semblait chercher. Il cherchait Dieu qu'il avait perdu; il se fuyait parce que Dieu n'était plus avec lui.

Bacon disait à Dieu : « Mon Dieu, vos créatures ont été mes livres, mais le meilleur, ç'a été vos Écritures. » Montesquieu : « Les Évangiles sont

---

* Voltaire condamne les athées parce qu'ils sont armés pour faire le mal. « Une société particulière d'athées, qui ne se disputent rien et qui perdent doucement leurs jours dans les amusements de la volupté, peut durer quelque temps sans trouble; mais si le monde était gouverné par des athées, il vaudrait autant être sous l'empire immédiat de ces êtres infernaux qu'on nous peint acharnés contre leurs victimes. En un mot, je ne souhaite pas plus des athées au genre humain que des superstitieux. Entre ces deux monstres, la raison nous tend les bras. » La raison ! pourquoi Voltaire ne dit-il pas Dieu ?

le plus beau présent que Dieu a fait aux hommes. »

Les libres penseurs citent aussi Descartes. Descartes se fût jeté hors de leurs rangs avec mépris, car c'était un libre penseur sous la sauvegarde de Dieu. Il disait : « L'état de la vraie religion dont Dieu seul a fait les ordonnances doit être incomparablement mieux réglé que tous les autres. » Et après la parole du philosophe montrons-le dans l'action : Descartes allait en Hollande sur un bâtiment allemand. Les matelots tinrent conseil pour savoir s'ils le jetteraient à la mer pour s'emparer de ses dépouilles. Il était si absorbé dans ses rêveries qu'il leur semblait de bonne prise et de mauvaise défense. Et déjà ils s'avançaient contre lui, décidés à tout, quand le philosophe, se réveillant tout à coup, tira son épée, courut à eux et les terrifia par son air déterminé : « Tremblez, leur dit-il, nous sommes trois contre vous : Dieu, moi et mon épée. »

Que la société parle comme Descartes. Elle est environnée d'une bande de dévorants à qui il faut qu'elle dise toujours à l'heure du danger : « Nous sommes trois contre vous, Dieu, moi et mon épée. »

IV

On vit avec les idées, comme on vit avec du pain ; il faut du pain à l'esprit. Aujourd'hui, le pain de l'esprit n'est pas le pain bénit. Beaucoup d'ivraie dans un peu de bon grain. Que dis-je, de l'ivraie ? On y jette aussi toutes les herbes empoisonnées.

La sagesse de Socrate a fini par la ciguë ; maintenant l'intelligence commence par là. Si elle ne meurt pas jeune, c'est qu'elle s'habitue au poison. Socrate disait que la sagesse est la santé de l'âme ; combien d'âmes malades à cette heure par la faute des charlatans politiques qui veulent refaire le monde sans Dieu, sans famille et sans argent ! On condamne aux travaux forcés les frappeurs de fausse monnaie ; on devrait condamner aux travaux forcés les frappeurs de fausses idées ; on donnerait aux athées des bibliothèques où il n'y aurait que des livres athées, aux communistes des bibliothèques où ils ne trouveraient que

Babeuf et ses pareils; les premiers demanderaient bientôt *la Vie des Saints;* les seconds, *le Testament du Cardinal de Richelieu.*

M. de Maistre a dit : « Les fausses opinions ressemblent à la fausse monnaie, qui est frappée d'abord par de grands coupables et dépensée ensuite par d'honnêtes gens qui perpétuent le crime sans savoir ce qu'ils font. » C'est la fausse monnaie de l'esprit qui appauvrit la France. Les grands écrivains du siècle de Louis XIV frappaient de l'or vif; au xviiie siècle, on a mis beaucoup d'alliage : aujourd'hui on a toutes les peines du monde à reconnaître la fausse monnaie : elle vient de tous les points, d'en haut et d'en bas, mais surtout d'en haut. Il est bien peu d'esprits contemporains qui ne lui aient donné le cours forcé.

Vous vous rappelez le mot d'Épictète : « L'âme ne refuse pas plus les biens spirituels que le marchand ne refuse la monnaie de bon aloi qui est marquée au coin du prince; mais trop souvent l'âme reçoit de la fausse monnaie parce que le coin du prince l'a trompée. » Voilà pourquoi les hommes de génie sont impardonnables, eux qui ont le coin du prince, de marquer des idées fausses qui seront prises pour argent comptant. Où voulez-vous que le peuple prenne sa confiance et son point d'appui, si ce n'est dans les esprits supérieurs qui sont à la surface? Voilà pourquoi tous les hommes qui ont charge d'âmes devraient s'évertuer à donner toujours le grand exemple du Beau, du Bien et du Vrai.

Il y a trop longtemps que les grands esprits gueusent la Popularité, cette fille publique qui trinque pour eux au cabaret. Si on la regardait en face, quel est le cœur un peu fier qui n'aurait soif de l'Impopularité, cette belle dédaigneuse qui fuit le monde avec Alceste? Il faut avoir le courage, si on aime le peuple, de lui être utile et désagréable. Si nos poëtes de haute lignée s'étaient contentés de la plus belle des royautés, la royauté de l'esprit humain, quels admirables prédicateurs en vers et en prose! Qui donc a mieux parlé de Dieu et des hommes, de la grandeur du devoir, de la charité du sacrifice, de toutes les poésies de l'âme? Quelle admirable école que leurs livres, s'ils ne se fussent passionnés pour la politique au jour le jour, quand ils devaient lais-

ser tomber leur regard d'aigle sur la politique séculaire !

Vainement ils ont répandu toutes les générosi-
tés et tous les dévouements sur les misères contemporaines; loin de les adoucir, ils les ont en-
fiévrées : l'un avec toutes les éloquences d'un
Girondin, l'autre avec toute l'audace d'un Monta-
gnard. Que voulaient-ils tous les deux ? L'humanité triomphant des préjugés qui l'asservissent,
comme si on pouvait délivrer l'homme de ses maladies. C'est la loi fatale; aussi celui qui prêche
le sacrifice est-il toujours plus près de la vérité
que celui qui prêche la révolte.

Au XIX⁰ siècle, les hommes les plus sympathiques trahissent leur personnalité. Plus Dieu les
a doués, plus ils font la grande école buissonnière pour jouer au téméraire, à l'impeccable, au
satanisme. Un sceptique me disait : « Je me sou-
cie bien du royaume des cieux. C'est bon pour
les pauvres d'esprit. Voyez plutôt Mérimée,
Sainte-Beuve et Gavarni, trois hommes d'esprit qui auraient vendu leur part du ciel pour un
plat de lentilles. » Si on prenait au mot Mérimée,
Sainte-Beuve et Gavarni, on saluerait trois athées.

Mais l'athéisme c'est leur fausse monnaie : ils ne s'en servaient pas pour eux. Je les ai bien connus tous les trois dans leur seconde jeunesse et dans leur dernier horizon. Ils ont joué à l'athéisme pour se donner du sérieux devant la galerie. Sainte-Beuve est descendu dans son trou sans tambour ni trompette. Mérimée a décampé avec un peu d'eau bénite de cour. Gavarni a pris le grand chemin de l'église, mais sans savoir son chemin. Gavàrni disait : « Je ne crois pas à mon âme pour deux sous. » Il voulait que la mort ne fût que « la fin de l'effet chimique. » Pourquoi, cette foi au néant chez cet homme que Dieu avait si bien marqué à son effigie ? Pourquoi cet efface-ment de l'âme quand son âme est encore là qui marque la vie future sur ses œuvres ? Pourquoi cet abandon de sa personnalité qui n'était pas soumise à la fin de l'effet chimique ?

Il ne croyait pas à Dieu ni à son âme « pour deux sous, » Deux sous ! Il n'en fallait pas plus pour passer autrefois l'Achéron. Deux sous don-nés à un pauvre avec la charité chrétienne, c'est assez d'argent pour passer au ciel. Qui a été bien étonné là-haut ? C'est Gavarni, quand il a retrouvé son âme qu'il avait perdue. Et Sainte-Beuve ? Et Mérimée ? Des esprits forts pour la galerie, des esprits faibles en face d'eux-mêmes.

V

J'ai moi-même, en certains jours nuageux, joué avec eux le jeux de l'esprit fort sans connaî-tre le dessous des cartes.

Ceux qui n'ont pas cherché Dieu, ceux qui, toujours courbés sur les biens de la terre, n'ont jamais levé les yeux au ciel avec le souvenir du pays perdu, n'ont pas eu les pâleurs et les anxié-tés du doute. Comme tous les chercheurs, j'ai eu mes jours — mes heures — d'athéisme.

Je me souviens qu'à Bade un soir, après avoir été battu au trente et quarante, je me demandais sérieusement s'il ne fallait pas plutôt croire à la malice des choses qu'à la malice des hommes. Il me semblait que les cartes étaient autant de dé-mons qui n'avaient rien à faire et qui s'amusaient à

faire endiabler les joueurs. Et peut-être ce jour-
là, parce que je croyais au diable, je ne voulais
plus croire à Dieu, comme si le Mal n'était pas
l'explication du Bien. Je rencontrai dans un groupe
d'amis un savant de Munich que j'avais connu
athée à Paris.

LE POETE. — Eh bien ! le ciel d'Allemagne
a-t-il changé vos idées philosophiques ou théolo-
giques ?

LE SAVANT. — Oui. En Allemagne, je crois à
Dieu.

LE POETE. — O sagesse humaine ! En France
vous êtes athée, en Allemagne vous êtes déiste.

LE SAVANT. — C'est qu'en Allemagne on est
beaucoup plus philosophe qu'en France : « Un
peu de philosophie éloigne de Dieu, beaucoup y
ramène. »

LE POETE.—C'est imprimé et réimprimé. Vous
parlez de votre philosophie comme si vous en
aviez une. Vous n'êtes que des bâtards, des bâtards de Voltaire. Et où voyez-vous Dieu ?

LE SAVANT. — Partout. Dans ce beau ciel
étoilé, qui est comme la couverture historiée du
livre des mondes ; sur cette terre, qui n'est que

l'ébauche de l'œuvre de Dieu. Que dis-je ? Je le vois même en vous qui le niez.

Un chien passait.

LE POETE. — Si vous voyez Dieu dans cette bête, ce chien a une âme; une parcelle de la divine intelligence ?

LE SAVANT. — Oui, il a une âme matérielle.

LE POETE. — Je vous vois venir : vous donnez une âme aux bêtes et une âme aux gens; vous voulez que la première soit mortelle et la seconde immortelle. Croyez-vous donc qu'il y ait bien loin de l'âme de ce chien qui rêve, sans nous écouter, à l'âme de notre voisin qui nous écoute en buvant et ne nous comprend pas? Croyez-vous que le chien ne raisonne pas aussi profondément que ce buveur de bière quand, à la chasse, il rapporte la perdrix à son maître? Pourquoi la rapporte-t-il, lui qui aime le gibier? C'est qu'il a le sentiment du bien et du mal. Pas un coup de dent, lui qui a faim, c'est stoïque! Mon cher savant, il ne manque aux bêtes que de faire un cours à vos universités allemandes pour réduire leurs raisonnements en syllogismes.

LE SAVANT. — Vous avez raison. Ce qui fait le

malheur des chiens, ce n'est pas la nature, une bonne mère pour tous ses enfants, c'est l'homme, un mauvais compagnon pour les bêtes, lui qui est un sot.

LE POETE. — Un philosophe a écrit un livre sur l'âme des bêtes. Par malheur pour les hommes, cette âme des bêtes, — selon le philosophe, — était tout aussi lumineuse que l'âme des mortels. Mais d'où vient, disent les orgueilleux, que les bêtes ne construisent pas des chemins de fer, n'élèvent pas des pyramides et ne lancent pas des vaisseaux sur la mer? On peut répondre à ces orgueilleux que les chiens n'ont pas besoin d'une barque pour passer l'eau, ni d'un chemin de fer pour faire leur chemin. Comme Dieu ne leur a pas infligé la vanité, pourquoi élèveraient-ils des pyramides pour que quarante siècles, plus ou moins, les regardent dormir au soleil? Les chiens ne font que ce qui leur est utile. Ils ne parlent pas plusieurs langues. Ils n'écrivent pas de premiers-Paris. Ils ne cisèlent pas de vaisselle plate, parce qu'ils n'ont que faire de tout cela. Mais pourquoi affirmer que le chien n'a ni sentiment ni esprit, qu'il ne pense pas, qu'il ne rêve pas? Vous qui êtes si orgueilleux, êtes-vous bien sûr de savoir quelque chose que ne vous ait pas appris votre père ou votre mère, votre maître d'école ou votre professeur de philosophie? Et que faites-vous de tout ce que vous savez?

LE SAVANT. — Chaque pas qu'on fait dans la science est un pas dans l'abîme, mais on remonte plus fort de l'abîme.

LE POETE. — Voyez-vous, quand j'ouvre Mallebranche, je suis effrayé de ces lignes : « Les bêtes perdent tout à la mort; elles ont été innocentes et malheureuses, il n'y a point de récompense qui les attende. » Ainsi, Dieu n'existe pas, puisqu'il n'est pas juste. A quoi servira-t-il au perdreau d'avoir été assassiné et mangé par moi? L'univers n'est qu'un vaste tombeau où s'éteint l'âme des hommes comme l'âme des bêtes.

LE SAVANT. — L'univers est une vaste résurrection, parce que la vie est dans la mort comme la mort est dans la vie.

LE POETE. — Et pourquoi donc passerionsnous dans un autre monde? Le nôtre est admirable; celui qui n'y trouve pas son idéal est un sot ou un rêveur. Mon idéal, je l'ai toujours saisi.

Quoi de plus beau que la nature en fête? quoi de plus beau qu'un cheval de race? quoi de plus beau qu'une femme aimée? quoi de plus beau que le ciel, le soleil, les étoiles? Si j'avais une prière à faire à Dieu, ce serait de me faire revivre dans ce monde-ci — d'autant que l'autre n'existe pas.

LE SAVANT. — Monsieur, ce monde-ci n'est que l'ébauche de notre destinée.

LE POETE. — Adieu, mon cher savant, c'est assez bâtir sur le sable. Rappelons-nous le mot de Gassendi : « Les philosophes qui parlent de l'âme sont comme ces voyageurs qui racontent ce qui se passe dans le sérail parce qu'ils ont traversé Constantinople. »

J'avais fait le superbe, mais je reconnaissais en moi-même que le savant parlait bien et parlait juste. Moi je n'avais joué à l'athée que pour la galerie, comme tous les athées.

En rentrant à l'hôtel, je trouvai un livre oublié. Je lus à la première page cette épigraphe d'un sage : « Tu as Dieu au dedans de toi, il te voit, il t'entend. Rougis de tes pensées indignes! O le lâche qui a oublié son âme! Si tu étais une statue de Phidias, tu te donnerais bien de garde, en te souvenant de ton créateur, de rien faire qui ne fût digne de lui et de toi-même ; tu te garderais bien de rien faire qui déshonorât ta beauté. C'est Dieu qui t'a fait et tu injuries la main qui t'a formé ! Quelle différence pourtant d'ouvrier à ouvrier et d'ouvrage à ouvrage ! » Je donnai un coup de chapeau à Épictète.

VI

Toute âme inquiète est possédée de l'esprit de recherches. Quand j'ai subi ces inquiétudes fâcheuses, je me suis évertué comme les autres à poser des points d'interrogation : à force de chercher la sagesse, je tombai dans la folie comme tous les philosophes doués de poésie. C'est alors que je bâtissais, moi aussi, les systèmes du monde et des mondes. Les grandes questions irrésolues m'obsédaient et me donnaient le vertige. Je ne rappellerai pas tous les châteaux que j'ai élevés sur le sable mouvant du rêve.

Voici le premier : J'étudiai sur moi-même

l'âme mortelle ou l'âme immortelle pour bâtir
idéalement deux maisons : l'une avec le sentiment
de la grande architecture, m'inspirant de Michel-
Ange et de Palladio; l'autre avec la rusticité
primitive.

La première avait tous les caractères de l'ordre,
de l'harmonie, de la beauté; on y arrivait par un
perron majestueux, conduisant dans un vestibule
spacieux à colonnades; toutes les pièces du rez-
de-chaussée donnaient sur un jardin à la française, où Le Nôtre avait passé avec ses lignes
droites. Les grands arbres ne projetaient pas leur
ombre sur la maison; ils n'apparaissaient qu'à
distance pour la beauté des perspectives. On n'a-
vait sous les yeux que des parterres de roses, des
orangers et des statues. Le premier étage était dis-
posé avec le même esprit architectural : grandes fenêtres, portes à deux vantaux, hauts plafonds,
beaucoup d'air partout. Il en fut de même pour
les mansardes, il n'est pas jusqu'aux caves qui
n'eussent leur caractère de grandeur. Un palais,
en un mot, cette première maison !

La seconde, je la fis au hasard, une vraie chau-
mière : fenêtres basses, portes étroites, le désor-

dre de la pierre et du bois; on trébuchait au seuil, on se heurtait aux parois, on se cognait aux poutres : une baraque des temps primitifs, presque une hutte de sauvage.

Et cette maison était bâtie dans un paysage sombre, sous des arbres séculaires qui l'abritaient du vent, mais qui répandaient sur elle une ombre presque nocturne; aussi, c'est à peine si, en plein midi, on pouvait lire l'almanach dans cette maison, tandis que dans l'autre la lumière y resplendissait jusqu'après le soleil couché.

Ces deux maisons, je les comparais à deux corps humains qui sont éclairés par la même âme. Pourquoi chez celui-ci l'intelligence rayonne-t-elle quand, chez celui-là, elle est si confuse? N'est-ce pas la différence des deux architectures? N'est-ce pas la faute de l'architecte?

Pourquoi tel père donne-t-il à son enfant l'esprit lumineux, quand tel autre ne donne au sien qu'un atome de lumière dans les ténèbres? C'est que l'architecture frontale n'est pas la même. Ici toutes les fenêtres sont ouvertes; là elles sont mi-closes, presque fermées. Qui ouvrira celles-ci? Le travail de tous les jours, l'étude de toutes les heures ? Non. On pourra bien arriver à quelques reflets plus vifs, mais la maison est mal bâtie, à force de retouches, elle s'effondrerait.

Et quand viendra l'heure de la ruine pour ces deux maisons, que se passera-t-il ? Elles disparaîtront comme disparaissent les corps. La lumière éclatante de l'une, la lumière sourde de l'autre redeviendront la lumière universelle qui faisait la gaieté de la première, qui faisait la tristesse de la seconde.

C'est ainsi que je voyais l'âme du monde éclairant bien ou mal les esprits humains, quoiqu'elle fût la même âme. Et quand la mort venait pour les corps comme la ruine pour les maisons, l'âme et la lumière n'étaient ni mortes ni ruinées, elles continuaient leur action intelligente et lumineuse en d'autres corps et en d'autres maisons.

Ainsi fut bâti mon premier système, mais j'y donnai le premier coup de pioche avant qu'il fût parachevé, parce que je reconnus que je n'avais bâti mes maisons qu'avec les débris du panthéisme. Combien d'autres monuments orgueilleux j'ai bâtis qui ne se recommandaient guère par des assises plus solides !

VII

On n'admettra jamais cette hypothèse de « table rase » qui donne l'égalité native à toutes les intelligences, qui croit à la puissance créatrice de l'éducation. Le premier pas de l'étude philosophique chasse ce nuage. La nature, dans sa variété infinie, donne à tout homme une marque distinctive, une personnalité absolue. Chacun a ses penchants, ses aptitudes, ses aspirations; on naît poëte et on naît bûcheron. L'éducation a beau faire, elle polit l'ébauche, mais elle ne refait pas la figure. Le but de l'idée sociale doit être d'harmoniser les hommes sans frapper la personnalité. Les hommes ne doivent se ressembler que par l'amour du bien, ils doivent contraster par la marque toujours visible de la nature. Qui voudrait effacer cette marque commettrait un crime de lèse-humanité. Donnez des bras plus solides au laboureur, donnez un front plus rayonnant au penseur.

Dieu a dit aux hommes : « Je vous abandonne
au bien et au mal pour vous apprendre à vivre ;
mais si vous n'êtes pas contents, vous me retrou-
verez. La terre n'est qu'une première station ; je
vous appellerai dans un autre monde. Et ainsi de
monde en monde jusqu'au souverain bien et à la
souveraine lumière. » Mais des mutins ont répondu : « Nous ne voulons pas aller plus loin.
Vendons pour un plat de lentilles notre part de
paradis. » Et ils ont fermé à triples verrous la
porte du royaume des cieux.

Depuis que le monde existe, chaque siècle nouveau venu a la fatuité de se croire plus fort que les
siècles passés. Les savants ont marché ; mais les
philosophes ont reculé. Le peu d'esprit divin dont
Dieu a daigné nous douer est de plus en plus
obscurci par les assembleurs de nuages. La sagesse ne sera jamais à la portée de tout le monde.
Il n'y a que les hautes montagnes qui s'illuminent
au soleil levant. Chaque génération est représentée par quelques hommes privilégiés qui se passent
par-dessus la foule le livre sacré des connaissances humaines qu'ils ont commenté à leur tour,
pour prouver que la civilisation marche, même

quand la civilisation rebrousse chemin. Mais nous aurons beau faire, nous n'arriverons jamais à l'omniscience, non plus que nous ne ferons le bonheur universel des peuples. Dieu a dit à la mer : « Tu n'iras pas plus loin. » Or la mer est comme l'humanité : elle a beau dévorer ses rives, elle perd d'un côté ce qu'elle gagne de l'autre.

VIII

Croyez-vous que si Moïse, Cyrus, Salomon, Homère, Socrate, Platon, saint Augustin, Charlemagne entendaient les discours des libres penseurs, seraient bien émerveillés de l'étendue des lumières dans le pays de Henri IV, de Molière, de Voltaire, de Napoléon, de Hugo ?

Les athées ne placent rien sur le ciel, parce que l'athéisme ne paye pas d'intérêts. Ils mangent le fonds avant le revenu. Aussi, à chaque angoisse de la vie, ils s'écrient, comme Brutus : « Vertu, sté-

rile vertu, de quoi m'as-tu servi ? » Si Brutus se
fût tourné vers les dieux, il n'eût pas jeté ce cri
sacrilége. Quiconque travaille au bien se donne
Dieu pour compagnon de voyage et arrive au but
sans s'inquiéter des récompenses futures. Mais si
Dieu n'est pas sur son chemin, il marche à l'a-
bîme et perd pied, parce qu'il perd courage.

La vertu pour la vertu, c'est le vieux thème de
Diderot renouvelé des Grecs ; ce qui n'empêchait
pas Diderot, — quand il oubliait de jouer son
rôle, — d'aller chercher sa fille au catéchisme et
de faire le signe de la croix en passant au béni-
tier. Si la vertu sur la terre n'est pas reconnue, si
elle est bafouée, calomniée, couronnée d'épines,
s'il lui faut boire à toute heure le calice amer, qui
donc lui donnera la force de porter sa croix ? Sa
foi en elle-même, disent les esprits forts. Oui, si la
vertu s'appelle Dieu.

Les docteurs contemporains auront beau re-
muer les mots d'une langue qu'ils ne connaissent
pas, ils n'arriveront jamais à la vérité aussi simplement et aussi poétiquement que les anciens
philosophes, ceux-là qui ont tout dit quoiqu'ils ne
fussent pas contemporains de la Science. J'aime-

rais mieux avoir écrit ces quatre lignes d'Épictète que les quatre cents volumes philosophiques imprimés depuis le commencement du siècle : « Si j'étais rossignol ou cygne, je ferais ce qui est du cygne ou du rossignol. Je suis homme, que dois-je donc faire ? Contempler la divinité. »

C'est l'indifférence en matière de religion qui, en France, a jeté les esprits vers la politique. On a voulu prendre le chemin de traverse pour arriver à tout. Bossuet avait vu poindre ce monde affamé qui vivra de la bouche et ne vivra pas de l'âme ; ce monde « qui montrera l'athéisme dans toutes ses actions, qui comptera Dieu pour rien, et qui n'aura de recours à Dieu que lorsque tout sera désespéré. »

Ceux qui nient Dieu ne nient pas la raison. Ils la reconnaissent dans le mouvement de l'infini, ils la reconnaissent dans le travail nocturne de leur pensée. — Je dis le travail nocturne, parce que les athées sont des voyageurs qui ne travaillent que pendant la nuit. — Car comment reconnaître que le monde est gouverné par les lois inviolables de la raison, sans reconnaître que la raison elle-même marque la présence de Dieu ? De grands

astrologues ont pu admirer le mouvement des
astres, en affirmant que Dieu ne se montrait pas ;
c'est qu'un nuage passait toujours devant leurs
yeux. Déchirons le nuage et saluons Dieu. Shakspeare disait de César : « César ne fait rien sans
cause. » Nous pouvons bien supposer Dieu aussi
intelligent que César ; or si Dieu ne fait rien sans
cause, il n'a pas créé le monde pour que Rabelais
lui dise : « Baissez le rideau, la farce est jouée. »
Dieu a voulu que la comédie humaine ne fût pas
une farce et qu'elle eût sa moralité.

VII

LA SCIENCE.

Non licet omnibus adire Corinthum. Mais il est permis à tout le monde, même aux simples d'esprit, d'aller à la Vérité, parce que ceux qui n'y vont pas par la science y vont par le cœur, cette autre lumière.

Nul plus que moi n'admire le savant qui, penché sur la nature, lui arrache ses secrets, par amour et par surprise. C'est le devoir de l'homme de chercher son chemin dans la vie, de marquer les abîmes et les oasis, de forger les armes de la civilisation, de maîtriser la mer rebelle qui ne dira jamais son dernier mot. Mais parce que l'homme sait lire l'alphabet de la Nature, se croira-t-il initié au livre de l'Infini ? Il aura beau « ausculter »

la terre — je n'invente pas l'expression — et faire
« l'autopsie de l'âme », il ne franchira jamais ce
fleuve indomptable qui sépare le Fini de l'Infini.
Faust a cherché la science : il a trouvé Margue-
rite agenouillée dans le temple.

Je pourrais ne pas dire un mot de plus, mais je
n'ai pas peur de fixer le pâle soleil de la raison
humaine. Il faut croire à l'inconnu et à l'invisible
pour marcher dans la lumière. O science des
hommes, *stulti facti sunt*, science toujours
aveugle! La poésie seule est une voyante, Victor
Hugo qui parle mieux qu'un savant a dit: « Il
faut étudier et non railler. La science ne sait rien
et n'a pas le droit de rire, pas plus de la table moderne même si elle ne tourne pas, que du trépied
antique même s'il ne parle pas. » N'est-ce pas la
science elle-même qui a prouvé les miracles,
puisque c'est la science qui a appris à lire dans les
livres saints : les papyrus du Musée britannique
ne prouvent-ils pas l'authenticité de la Bible et
ne content-ils pas les plaies de l'Égypte?

Chaque pas que fait la science n'est pas le pas
des dieux, mais c'est un pas vers les dieux.

Les savants, qui disent « peut-être » sont les

vrais savants, ceux qui ne doutent de rien sont les pires ignorants. Ces savants qui savent tout disent du monde : *Tout cela* s'est arrangé au hasard, vaille que vaille, dans les révolutions aveugles du chaos. Selon eux, le monde n'a pas été fait pour l'homme, ni l'homme pour le monde. Comme un voyageur qui s'égare et qui trouve une auberge, il s'y est campé pour une heure. Il est né, il est mort et la farce est jouée. La belle farce! Si Dieu existait, disent les savants, le monde ne serait pas si bête et l'homme ne souffrirait pas toutes les misères de la vie. Mais si le monde n'était pas si bête, il n'y aurait pas besoin de savants.

C'est la douleur qui élève l'homme jusqu'à Dieu. Le jour n'est beau que parce la nuit vient et s'en va. Si Dieu avait mis le bonheur sur la terre, il eût trop éloigné le ciel, en supprimant pour l'homme ces divines aspirations qui le font Dieu lui-même et qui l'entraînent avant l'heure aux fêtes, aux épreuves, aux douleurs des existences futures. Ah! vous avez l'orgueil de vouloir monter jusqu'à Dieu sans vous déchirer les pieds aux épines du chemin? Marche, pauvre homme, souffre la faim, souffre le froid, souffre la passion, souffre la mort; mais, au milieu de toutes tes douleurs, ne sens-tu pas que tu gagnes — ta part de paradis, disent les légendes? — ne sens-tu pas que tu deviens dieu toi-même?

Si j'ouvre les yeux sur l'Intelligence là où la Foi me défend les vaines recherches, je découvre, non pas comme les savants, que nous sortons de la mer, ou de la montagne, ou de la forêt, simple hasard des amours aveugles du soleil et de la nature; je découvre que nous descendons des cieux, frappés par la vengeance divine pour crime de lèse-Divinité. Adam et Ève sont le symbolisme des premiers anges tombés. Le paradis n'était pas terrestre; ils n'ont pas été chassés, mais précipités par Dieu. Nous sommes des anges révoltés, incarnés dans une enveloppe qui pleure et qui saigne, portant partout le sang et les larmes jusqu'à la dernière goutte. « Bienheureux les affligés, ils seront consolés; » la terre est une vallée de pleurs; les résignés qui meurent avec l'espoir en Dieu retrouvent dans un autre monde une parcelle de divine miséricorde. Et ainsi, de monde en monde, jusqu'à Dieu lui-même. Les révoltés qui n'écoutent par la voix de Jésus, qui perpétuent leur crime par d'autres crimes, sont condamnés à quelque purgatoire moins hospitalier encore que la terre, — et ainsi de génération en génération, jusqu'à l'impénitence finale qui les jette en enfer. — c'est-à-dire dans quelque horrible coin du monde où le cœur ne bat plus.

Les docteurs, qui savent tout, vous disent d'un air de sérénité qui ne cache pourtant pas leur inquiétude : « Je ne crois pas à l'immortalité de l'âme, par la bonne raison que je ne crois pas à mon âme. » Mais après cette impertinence, mettez ces fiers esprits en face d'un danger ou en face d'une douleur, un jour de bataille ou un jour de duel, un jour de trahison, un jour où la mort frappe sous les yeux, ils auront la terreur de l'inconnu, Revenus à eux, ils diront que c'est le Néant. C'est en vain que l'intelligence ne veut pas voir, les visions de l'immortalité de l'âme lui apparaissent à tout instant : la vie présente est dominée par la vie future. L'aube de demain éclaire déjà aujourd'hui. L'amour de la gloire est créé par le sentiment de l'idéal, or, qu'est-ce que l'idéal sans l'âme ?

Ces docteurs de l'omniscience décident que le tombeau est le dernier mot; pourquoi ont-ils le respect des morts, s'ils ne sentent quelque chose qui plane sur eux; l'âme attristée revient à son corps en poussière, comme nous revenons à notre maison en ruine. L'athée ne s'aperçoit pas, l'aveugle qu'il est, que tout ce qu'il fait dépasse le tombeau.

Les matérialistes nous accusent d'orgueil, nous les spiritualistes. Ils disent que nous voulons escalader les cieux. Oui, nous le voulons ! Et, qui nous en a donné l'idée, sinon nos aspirations vers l'infini ? L'âme immortelle cherche les pays de l'immortalité.

Les savants penchés sur les choses visibles, voient la mort partout et la résurrection nulle part; tout devient fumier pour les moissons de demain, qui deviendront fumier après-demain. Le scalpel n'a pas d'yeux, mais comment ces savants peuvent-ils expliquer sans l'âme du monde, sans l'âme de l'homme, le problème de notre nature et le mystère de notre destinée ? Pourquoi l'homme, sinon l'âme ?

Quand l'homme veut parler de lui-même, il ne

peut le faire que par un autre lui-même qui le domine. La science fera vingt fois le tour du monde, sans trouver le secret des forces invisibles, elle entr'ouvrira les pages du livre universe, mais en lira-t-elle jamais la moralité. L'esprit humain, s'il ne renferme une parcelle d'esprit divin, heurte les ténèbres à chaque pas. Il part d'un pied libre, il lève son front orgueilleux, mais comme l'a dit un penseur moderne, François Guizot, il n'est pas si inventif qu'il le pense, c'est le massacre des hypothèses.

C'est en vain que les philosophes bâtissent des systèmes. On dit que chaque penseur a le sien, mais quand on les étudie de près on s'aperçoit que tous les châteaux de cartes s'élèvent avec le même jeu. Bien mieux comme dit le même écrivain, si on écoute la philosophie après avoir écouté la tradition, on découvre que les théories sont pareilles aux croyances, tout se retrouve ici, tout se retrouve là, si bien que la philosophie n'a fait que marquer à son effigie la petite poignée d'or de l'esprit humain.

C'est qu'en effet, dans tout homme il y a un sage et que dans tout sage il y a un homme. Les

passions ont pu exalter l'un et aveugler l'autre,
ils ont toujours au fond d'eux-mêmes, la monnaie
primitive de la sagesse. On aura beau mettre
un croyant et un athée aux deux confins de
l'esprit, s'ils disent leur pensée avec bonne foi
ou même avec l'air de la bonne foi, ils révèle-
ront le même sentiment. Le spiritualiste dira que
l'âme de Dieu anime le monde, le matérialiste
qu'il ne voit pas Dieu dans le monde, mais il
parlera de l'âme des choses. Qu'est-ce donc que
l'âme des choses ?

Donnons une âme à la terre. Que fera la terre
si une main invisible ne la conduit dans le mouvement perpétuel? Vous donnez une âme au ro-
cher, détachez-le de la montagne et dites-lui de
se servir de son âme, vous verrez où il ira. Ce
serait l'histoire de la terre, si Dieu n'y mettait
la main.

Ah ! si les philosophes étaient des simples de
cœur comme les aime Jésus, s'ils s'étaient contentés de recueillr avec respect le peu de sagesse
humaine qui est le trésor des peuples ; si au
lieu de prouver leur orgueil ils avaient prouvé
leur humilité; s'ils avaient posé moins de points

d'affirmation et plus de points d'interrogation ; s'ils avaient soulevé, d'une main religieuse, les voiles mystérieux de la révélation ; s'ils avaient voulu entendre les cris de vérité que chaque siècle pousse en ses heures critiques, sans doute ils n'eussent pas amoncelé volumes sur volumes, mais on pourrait les lire sans désapprendre ce qu'on sait de meilleur, ce que la conscience écrit dans le cœur, ce que la croyance marque dans l'âme.

Je l'ai dit déjà, il y a dans l'homme deux forces qui sont souvent en opposition ; les forces de l'âme et les forces du corps. Quel que soit l'emportement et l'aveuglement des passions, nous avons en nous-même un juge qui nous montre le danger, une conscience qui nous rappelle au devoir, il y a le *moi* du corps, il y le *moi* de l'âme, c'est un duel de toute la vie, si ce n'est une harmonie. Comment expliquer ces deux *moi* sans interroger à la fois le ciel et la terre, la lumière et la vie, la pensée et l'action. Toutes les recherches de la science, ne nous diront pas pourquoi le sentiment de la justice, de la conscience et du devoir est en nous. C'est que Dieu

a mis tout cela en nous; c'est que l'empreinte
en est si vive, que l'homme le plus désordonné
ne peut l'effacer de son cœur. Le dernier des
monstres demande Dieu en face de l'échafaud.

Les Darwinistes ne connaissent Darwin que
de loin, car Darwin est trop savant pour nier
Dieu. La négation d'une intelligence supérieure
est la thèse des imbéciles de toutes les nations.
Darwin a trop reconnu par la science, quand il
faisait abstraction de tous sentiments religieux,
que l'univers est gouverné par les lois de l'intelligence, pour croire un instant à la force aveugle
des choses. S'il est plus préoccupé de la nature
que de Dieu, c'est qu'il cherche par l'œil simple,
sur les choses visibles, le travail transcendant du
surnaturel ouvrier.

Il ne faut pas argumenter avec les contradictions des savants. A toute heure, le plus déïste
peut être pris en flagrant délit d'athéisme; s'il
doute et s'il nie, c'est par amour de la vérité.
Mais la vérité comme la science le rejette bien
vite devant l'image de Dieu. Ç'a été l'histoire de
Descartes et de Newton pour ne parler que des
grands modernes.

Darwin a commenté mot à mot, après beaucoup d'autres philosophes le beau poëme de *Lucrèce :* Tout est dans tout. Le monde, dans ses éternelles évolutions renferme la vie universelle avant le commencement, jusques après la fin, sans que la présence d'un maître soit désormais nécessaire. A l'origine, tout était procréé en germes, l'homme comme la bête. Mais l'homme ne devait s'épanouir au soleil que selon les lois de la nature, quand la température lui serait favorable. Voilà qui était imprimé avant Darwin.

C'est vouloir supprimer dans l'homme le juste sentiment de son orgueil. C'est lui refuser une meilleure origine que celle du chien qui le défend et du chêne qui l'abrite. Mais après tout, qu'il ait été précréé ou non, qu'il n'ait pas apparu sur la scène comme les grands acteurs, après le prologue, il n'en a pas moins une origine toute divine, puisque Darwin lui-même reconnaît Dieu dans la conception de l'univers. Si Dieu n'a pas eu plus de faveurs pour l'homme que pour la bête et la plante, c'est peut-être parce qu'il voulait que l'homme traversât plus de périls pour triompher de tout et pour s'élever jusqu'à lui. N'est-ce pas l'histoire

des simples soldats qui ont dans leur giberne le
bâton de maréchal, mais qui ne peuvent s'en
servir qu'après avoir bravé mille morts ?

Il faut avouer que toutes ces belles hypothèses
sont bien plus laborieuses pour l'esprit humain
que celles de la création de l'homme, quand déjà
le monde était créé.

La *sélection naturelle*, ce travail de la nature
sur elle-même, travail invisible, puisqu'il faut à
la nature des siècles pour retoucher une de ses
œuvres, peut être combattu par des systèmes tout
aussi vraisemblables. Darwin dit — Michelet, ce
chercheur obstiné, l'avait dit avant lui — que les
animaux comme les plantes dérivent tous de quelques formes primitives, sinon d'une forme unique. Ils se modifient successivement en vertu de
la loi de transformation.— Qu'est-ce que cette loi
de transformation ? Si on reconnaît Dieu, il a bien
fait ce qu'il a fait. Si on nie la présence de Dieu
dans la force des choses, en vertu de quel sentiment du bien ou du mieux, la force des choses
retoucherait-elle à l'œuvre de Dieu ? Darwin dit
« que les modifications successives dépendent
d'un travail régulier de races et d'individus sou-

mis aux circonstancés de temps et de lieux *. » Je demande que ce travail n'atteigne plus rien de ce qui est beau sur la terre. J'aime à croire qu'il n'y a pas eu depuis Homère de *sélection naturelle* pour la femme, pour la forêt, pour la rose, pour le cheval. Je croyais au contraire, que l'homme seul par son travail avait donné un cachet à tout ce qu'il touchait. C'est grâce à lui que les chevaux sont plus beaux, les roses plus belles, les forêts mieux dessinées et les femmes plus nobles.

Si l'homme, le sélecteur par excellence, n'y mettait pas la main, la nature aurait beau faire, elle tomberait en quenouille. Dans son aveuglement elle ne sait pas se gouverner elle-même, l'homme l'a vaincue pour la féconder et la conduire.

Quand Dieu créa les cent mille mondes disséminés dans l'infini, il répandit partout une parcelle de sa divinité, comme le grand artiste qui met un peu de son art dans tout son œuvre. Quoi-

* Admirons les savants qui se placent à des milliers d'années des preuves qu'ils donneront de leurs systèmes. Nous ne seront pas là pour leur donner tort, en attendant, l'Académie des sciences leur donne raison.

que Dieu fût la perfection, il se contenta, en débrouillant le chaos, des ébauches grandioses, pé-
tries par sa main ; mais il a mis au cœur de l'homme
le sentiment de la perfection, pour achever ce
qu'il avait commencé. Voilà pourquoi l'homme
fils de Dieu a dompté la nature à force de travail et à force d'art.

C'est une erreur de chercher l'amour de l'humanité dans les entrailles de la nature, qui est
la marâtre de l'homme pour tous les philosophes
qui l'étudient de près. La nature est inconsciente,
brutale et avare. Elle ne donne rien, l'homme
lui arrache le droit de vivre, mais combien de
fois n'arrache-t-elle pas l'homme à son travail !
combien de siècles a-t-il fallu pour que la nature, cette grande rebelle fût vaincue par l'homme ?
On la croit soumise, mais elle se relève pour écla-
ter dans ses vengeances. C'est en elle que vit
l'esprit du mal ; ceux qui ne la voient qu'à la surface dans sa robe verte et dorée, toute luxu-
riante de fleurs, de blés et de raisins, l'admirent et
l'appellent leur mère, mais ces richesses sont l'œuvre de l'homme. Laissez la nature à elle-même,
elle n'aura de maternelle sollicitude que pour les

monstres qu'elle nourrit contre l'homme, elle se repeuplera de forêts, elle s'empoisonnera sous les marécages, elle sera hantée par toutes les bêtes féroces. Là où jaunit le blé, où rougit le raisin, il ne poussera plus que l'ortie et le chardon ; elle sera inépuisable pour la ciguë et la ronce, pour le crapaud et l'araignée, pour le serpent et le tigre ; le monde ne sera plus qu'un charnier à demi voilé par les herbes parasites.

Celui qui sur sa table rompt gaiement le pain, et se verse le vin avec volupté, ne sait pas ce qu'il a fallu d'énergie à l'homme pour lutter contre toutes les forces de la nature conjurées contre lui, combien de labours, combien de sueurs, combien de fièvres. Non-seulement la terre est ingrate et vend à haut prix, au prix du sang, tout ce que l'homme lui demande, mais elle a pour auxiliaire les coups de soleil, les orages, la grêle, la gelée, les pluies diluviennes, le ver blanc, le charançon, les rats et les souris. Après le travail de Pénélope, après les maladies du blé et de la vigne, il faut encore payer une rude rançon sur le peu qui reste de la récolte ; aussi le laboureur est toujours pauvre comme son ami le vigneron. — Je ne parle pas de ceux qui font la bourse des blés et des vins, je parle de ce martyr du travail qui n'a de repos que dans la tombe. — La nature est donc une ennemie que Dieu a donné à l'homme, parce qu'il a voulu que le travail eut raison de cette rebelle, parce qu'il a voulu que la perfection fût greffée sur l'imperfection *.

L'homme a fait des miracles contre la nature toujours rebelle, toujours insoumise; si on lui laissait le temps de respirer, la bête fauve se retournerait et remettrait au monde toute son engeance féroce, toutes ses herbes empoisonnées. L'homme continue donc l'œuvre de Dieu en domptant la nature; là est le cachet de son origine. Si l'homme n'eût pas été fils de Dieu, il eût vécu comme les lions ou les pourceaux, tout

* Quelques voyageurs et quelques paysagistes s'obstineront dans leur amour pour la nature sauvage. Il n'y a plus de nature sauvage. Elle a été domptée jusque dans les déserts. Supprimez un instant la main de l'homme, le spectacle des habitations, des palais, des cathédrales, supprimez toutes les ruines majestueuses que la nature jalouse veut ensevelir, que restera-t-il? Si les paysagistes et les voyageurs en étaient réduits aux montagnes, aux glaciers, aux forêts de sapins, ou de chênes implacables, ils en rabattraient de leur admiration. La preuve c'est qu'il n'y a jamais eu de paysagistes en Suisse ni de peintres de forêts vierges.

aux gourmandises de la bouche, tout aux passions corporelles. Si l'homme ne vivait pas déjà en Dieu, accepterait-il cette loi impérieuse du travail, qui l'élève, mais qui le tue; c'est la fièvre de la vie, c'est la fièvre de la mort, mais c'est la fièvre de la résurrection !

Il ne se passe pas de siècles que les savants ne réinventent l'épicureïsme. Ils ont bien regardé, ils n'ont rien vu sous le soleil et au-dessus du soleil que le mouvement des atomes, ils n'ont rien vu que la matière tourbillonnant çà et là dans l'espace, pour former les ébauches de la création. Et pourtant le *Clinamen principiorum*, et le *Circulus æterni motus* sont bien plus difficiles à prouver que la présence toute simple de Dieu; mais il faut bien qu'il y ait des savants. Toutes ces hypothèses fabuleuses sont trop faciles à renverser. Vous dites que l'homme dérive d'une forme unique, qu'il a été obligé par l'absolutisme de la nature à passer de l'animal inférieur à l'animal supérieur, de la larve à l'orang-outang, ce qui nous donne à tous des parchemins dont nous devons bien nous glorifier. Je jette à terre le monument fragile des darwi-

nistes et j'en élève un autre en disant : Prouvez-
moi que s'il y a des animaux supérieurs qui ressemblent à l'homme, ee n'est pas l'homme qui
a dégénéré ? N'est-ce pas l'homme qui a commis
des crimes de lèse-humanité, dans le chaos primitif ? Qui vous dit que l'homme ne s'est pas
mésallié avec les bêtes de la création ? C'est là
surtout que j'appelle un savant pour étudier cette
théorie : — la théorie des singes descendant des
hommes, — contrairement à l'homme descendant
du singe.

Et moi aussi j'ai eu la foi, disait un savant
célèbre qui se glorifiait d'avoir trahi sa foi pour le
néant ! *Et moi aussi j'ai eu la foi de la science ;*
j'ai passé bien des heures studieuses de ma jeunesse
en vaines recherches, devant le mystère de la vie
et de la mort, tantôt dans les bibliothèques, tantôt dans les amphithéâtres ; j'ai accepté toutes les
découvertes sous bénéfice d'inventaire ; j'ai cru un
instant que les chercheurs finiraient par escalader
la vérité ; j'ai fini par m'apercevoir que depuis
qu'il y a des médecins, c'est-à-dire depuis l'origine du monde, tout avait été découvert ; seulement les chercheurs du passé qui avaient moins

d'orgueil, ne criaient pas tout haut comme les chercheurs d'aujourd'hui. La grande lumière qui a envahi l'Égypte pour ne montrer qu'un des coins du monde, n'a-t-elle pas frappé les yeux de la science !

L'âme habite le cœur et la tête. Le cœur c'est l'amour ; la tête c'est le monde, un monde à deux hémisphères, qui a ses mers, ses rivages, ses forêts, ses montagnes, ses villes bruyantes et ses solitudes méditatives. Ce monde là qui s'appelle le cerveau, je l'ai parcouru en mes jeunes années, avec un chercheur inquiet que regrette aujourd'hui le monde des arts et le monde philosophique.

Ce fut un galant homme que Théophile Thoré, un philosophe, un artiste, un expansif. Il allait à tout avec passion, mais toujours emporté par son cœur, il avait le respect de l'homme et de la bête, jusqu'en leur dernière expression ; il avait le sentiment du beau, mais surtout par la couleur et le mouvement, parce qu'il était plus moderne qu'antique. Lui aussi fut tourmenté de la recherche de l'inconnu. Il avait fondé un système à l'usage d'un Dieu d'aujourd'hui, un de nos amis qui s'appelait le MAPAH, — le père et la mère.

— Il avait voulu faire l'unité absolue; il disait :
« Le christianisme a expliqué toutes choses avec
la dualité. — Dieu et le Diable, Esprit et Matière, Ame et Corps, Bien et Mal, Vrai et Faux,
Beau et Laid. — Et partout, le second terme
était sacrifié au premier. « Il semble qu'il y ait
maintenant une religion nouvelle basée sur l'u-
nité : Dieu est en Tout et Tout est en Dieu.
L'Anthropologie correspondant à ce dogme, doit
transformer les notions de *corps* et d'*âme*, de
physique et de *moral*. Elle doit absorber la dualité dans l'unité. »

C'était encore le mariage panthéiste de Dieu et
du Diable. Aussi Théophile Thoré ne fut-il pas
longtemps sans parler de divorce. Et pourtant
il écrivait : « L'Ame et le Corps ne font qu'un ;
si la tristesse de l'Ame obscurcit le visage, la
douleur du Corps obscurcit l'Ame ; si la folie
est une maladie de l'Ame, c'est par le Corps que
les médecins guérissent cette maladie. » Thoré
ne voyait pas que si une des fenêtres de l'Ame
était obstruée, la médecine ne pouvait lui rendre
la lumière, qu'en dégageant cette fenêtre, mais
il n'avait pas affaire à l'âme.

Sous prétexte de phrénologie, Thoré voulut pénétrer les mystères du cerveau et du cœur; nous étudiâmes ensemble; un peu plus je devenais médecin, tant j'étais familier aux amphithéâtres.

Le cerveau, cette éponge selon Hippocrate, cette masse de matière blanche dépourvue de sang selon Aristote, ce dispensateur des esprits vitaux selon Gallien, le cerveau ne nous a pas dit le mot de l'énigme. Nous nous rappelions l'image de Grégoire de Nicée. « Le cerveau est comme une ville où les allées et les venues des habitants ne causent aucune confusion, parce que chacun part de son point fixe et arrive à un but déterminé. » Mais nous avions beau courir les deux hémisphères de ce monde inconnu, nous ne retrouvions jamais notre chemin. Théophile Thoré, qui aimait la phrénologie, croyait affirmer la géographie du cerveau comme Spurzheim. Il y retrouvait tous ces organes détachés les uns des autres, parce qu'ils ont les fonctions les plus diverses. Mais plus il divisait les pays à force d'anatomie à la loupe, plus je n'y voyais qu'un seul monde obéissant à une seule volonté. Il avait beau me dire : « Ici est l'Amour de la vie, là est la Combativité, plus loin l'Estime de soi, plus loin le Coloris, plus loin encore la Comparaison, » je sentais que pour chacune de ces aspirations, tout mon cerveau était à l'œuvre avec un mouvement sur le front, avec les yeux de l'intelligence ouverts sur les yeux corporels.

Il y a longtemps qu'on a fait justice de ceux qui niaient l'immortalité de l'âme par la folie. C'est en vain qu'il disaient : « Votre âme immortelle est déjà à moitié morte. » Ils la défiaient de revenir à elle. Mais on leur a répondu que le meilleur joueur de piano ne pourrait donner une symphonie si la plupart des cordes étaient brisées. On n'avait pas brisé la symphonie.

Il faut toujours retourner la formule des médecins * : Ils disent que les facultés existent parce qu'il y a des organes cérébraux, il faut dire les

---

* Un médecin de Louis XIV, M. de La Chambre, qui fut de l'Académie française, traduisant les théories de Clara Montius, les trahissant comme font tous les traducteurs, a annoncé dans ses Caractères des Passions la découverte faite par lui « de certaines parties de l'Ame qui ne sont point attachées au corps et qui font seules toutes les opérations intellectuelles. » Mais sa découverte n'en était pas une.

organes cérébraux n'existent que pour les facultés. Les pianos ne jouent pas tout seuls.

Et pourtant je ne veux pas affirmer sans donner contre moi les idées des philosophes sur la pluralité des organes cérébraux. 1° Ils disent qu'une contention d'esprit ne fatigue pas également toutes les facultés intellectuelles. Voilà pourquoi Fourier a recommandé la variété du travail. Voltaire, qui ne se reposait pas, passait de la tragédie aux contes philosophiques, de l'épître familière à l'impertinence religieuse. 2° Le Tasse, dans sa folie, trouvait encore les plus beaux vers. Il n'y a pas longtemps, Lamartine continuait l'art des pages éloquentes aux heures troublées d'une fin crépusculaire, comme Alexandre Dumas qui avait tout oublié, qui était déjà dans la préface de la mort, ne trouvait plus un mot à dire, mais qui, si on lui donnait une plume, écrivait un feuilleton avec la même imagination et le même esprit qu'aux beaux jours. 3° Il semble impossible que Descartes et Mozart, Michel-Ange et Byron eussent le même cerveau, les mêmes hémisphères, les mêmes lobes, les mêmes cellules.

On peut répondre ceci : 1° la variété du travail repose bien moins le front qu'une bonne heure de sommeil. Le moissonneur qui passe du coup de faux un coup de rateau se repose en travaillant. Mais où est donc la pluralité des bras? Il en a deux, il est vrai, mais ce sont toujours les mêmes. 2° L'anatomie du cerveau démontre les ravages de la folie; il y a des altérations dans la couleur comme dans la consistance, mais ces altérations se remarquent sur toute la surface des deux hémisphères, au lobe postérieur, au lobe moyen et au lobe antérieur. Ce n'est pas seulement une province qui est frappée, c'est le pays tout entier. Il semble qu'on ait fermé les persiennes de la maison, c'est le demi-jour avec des rayons intermittents, souvent c'est le crépuscule, quelquefois même c'est la nuit. 3° Est-il bien utile de répondre à la dernière objection? Pourquoi loger la musique dans une cellule, la poésie dans une autre, l'art dans une troisième et la philosophie dans la quatrième? C'est tout simplement soumettre l'âme au régime cellulaire.

On a toujours discuté sur le siége de l'âme. L'âme était dans le cœur, la force du sang.

L'âme était dans le cerveau la force de l'intelligence. M. Flourens la voyait dans les deux parties de nos hémisphères cérébraux : « la preuve c'est que leur ablation totale n'enlève que les facultés intellectuelles. » Qu'est-ce que cela prouve, sinon que les deux hémisphères ne sont que des organes, pareils aux fenêtres de la maison qui font jouer la lumière partout. Comme le disait un simple étudiant à M. Flourens lui-même : « Votre théorie pèche par le fronton ; puisque l'âme survit à l'ablation des deux hémisphères cérébraux, que ferait-elle là, si elle était circonscrite dans cette prison ; l'âme est partout, parce que si elle est la lumière, elle est aussi l'animation indivise avec tout le corps ; elle en est le premier et le dernier témoignage de vie. » Et cela ne prouve pas qu'elle ne soit pas immortelle. L'homme porte en lui, par la loi du créateur ; la force de la création ; l'âme universelle pénètre tout nouveau-né et prend une marque humaine qui se perpétuera dans l'infini.

Sans vouloir ici matérialiser l'âme, sans la séparer de l'intelligence, comme font les philosophes qui disent que l'intelligence est la fille de l'âme, nous ne voulons pas non plus emprisonner l'âme au cinquième étage du monument. Ce n'est pas pour la faire descendre dans le pied des danseuses, ni dans la main des pianistes, mais c'est pour lui donner avec les deux hémisphères cérébraux, l'infini de ce petit monde qui s'appelle l'homme.

Aujourd'hui on nie les miracles de la foi mais on proclame les miracles de la science. Je sais qu'on a fabriqué des télescopes pour voir le ciel et qu'on a ausculté la terre. On a vu la profondeur du ciel et on a entendu battre le cœur de la terre; or, que disent aux demi-savants les grandes figures du fini et de l'infini? Elles disent qu'il n'y a pas d'âme parce que tout a sa raison d'être et que l'âme n'a que faire dans le système de la terre non plus que dans l'harmonie du ciel. Et les demi-savants chantent les offices du Néant.

Ils ont voulu mettre la main sur un vrai savant : Claude Bernard; mais sa mère a pu dire avec des larmes de joie qu'il n'a pas oublié le Dieu de sa mère. Hardi dans ses découvertes et téméraire dans sa pensée, il avait tenté, lui aussi, de refaire le monde sans Dieu. Mais quand on le voyait de près, on ne doutait pas que le déiste ne fût resté sous le savant. N'a-t-il pas dit en plein collége de France, quand il a parlé des lois déterminées qui créent les phénomènes : « Ces conditions ne sont pas des causes; il n'y a qu'une cause, c'est la cause première. » Il a dit aussi, — ce matérialiste, — que le matéralisme était une doctrine insensée. Claude Bernard était de ceux qui finissent par croire que la science, si elle s'élève jusqu'aux régions lumineuses, aboutit toujours à l'idée de Dieu. Le célèbre chimiste Dumas avait déjà dit cela éloquemment sans s'égarer en vaines recherches.

La science nie l'âme parce que la science n'a pas la seconde vue : les yeux de l'âme. Ou plutôt la science veut voir de près et non de haut : pourquoi n'a-t-elle pas un seul jour penché le front sous les hymnes de désespérance, qui sont des sanglots, ou relevé la tête sous les symphonies de l'amour qui sont des sourires? L'émotion sacrée ne l'a pas saisie une seule fois : elle a détourné sa lèvre de cette coupe des joies et des angoisses; elle s'est obstinée aux infiniments petits quand elle pouvait boire aux océans de délices

ou heurter son front aux sommets douloureux
d'où jaillit la lumière.

La science, au lieu de voir l'homme en Dieu, le
voit dans la bête; au lieu de monter sur un piédestal pour étudier, elle descend dans le bour-
bier. Buffon étudiait la nature avec des man-
chettes, parce qu'il avait le respect des œuvres du
Créateur. Les héritiers de Buffon étudient
l'homme dans le déshabillé de l'amphithéâtre.
Mais quand ceux-là auraient mille siècles devant
eux, ils ne découvriraient pas un atome de plus
ni de moins que la médecine à son premier jour
de scalpel. « Tu n'iras pas plus loin, » parce la
terre est séparée de l'infini par un océan de ténèbres : La Mort.

VIII

LE TOMBEAU

Il y a une eau-forte de Goya qui m'a plus d'une fois effrayé en mes heures de doute. C'est celle où il représente un mort soulevant la pierre du sépulcre pour écrire sur le mur du cimetière : *Nada.*

Nada! — Rien! — Mot plus terrible que celui du Dante sur la porte de l'enfer. Rien dans la mort, le néant sous la pierre tombale, une porte qui se ferme et qui ne s'ouvrira pas, une âme qui s'éteint dans la nuit du tombeau !

Ce mot du mort de Goya, n'est-ce pas le dernier mot de l'athéisme? *Nada!* Rien au delà du tombeau, ni âme, ni lumière, ni Dieu.

Mais tous ceux que vous avez perdus n'ont-ils pas aussi soulevé la pierre du sépulcre pour vous dire qu'ils avaient trouvé Dieu et qu'ils vous attendaient?

J'ai vu de près la mort. Elle porte un flambeau
Qui brûle lentement. C'est la clarté première.
Par delà l'infini; — la porte du tombeau,
Se fermant sur la nuit, s'ouvre dans la lumière.

Pleurer ceux qui s'en vont, pourquoi? Le ciel est beau,
L'aurore après la nuit nous revient coutumière,
L'alouette en chantant se moque du corbeau,
Et le cyprès s'égaie à la rose trémière.

Vous reverrez un jour en Dieu les morts aimés;
Pour nous seuls les vivants, les tombeaux sont fermés;
Ils s'ouvrent dans le ciel où l'âme s'expatrie.

Et quand la mort viendra nous montrer le chemin,
Nous les retrouverons qui nous tendront la main
Les chers morts, qui, là-haut, nous font une patrie.

La Mort est le creuset de cette grande alchimiste qui s'appelle la Nature.

Trois philosophes causaient sous le portique. Ils parlaient des dieux. Un ignorant prétentieux vint dire son mot. Un des philosophes le regarda du haut de sa sagesse : « Mon ami, lui dit-il, va mourir trois ou quatre fois, après quoi tu viendras parler avec nous sous le portique. »

C'était le dogme de Pythagore qui se souvenait

d'avoir été au siége de Troie. C'était la pensée de Shakspeare, qui a dit, « la vie est un conte de fées qu'on écoute pour la seconde fois. »

En mes heures de recherches et de désespérances, quoique le sentiment parlât en moi plus haut que la pensée, quoiqu'aux heures noires je sentisse mon âme transportée par sa force lumineuse au delà du tombeau, je m'efforçai de me prouver à moi-même la mortalité de l'âme, peut-être avec la secrète espérance que je n'y arriverai pas, peut-être pour me réconforter encore dans ma foi en l'immortalité.

C'est pourquoi j'étudiai longtemps bien moins dans les livres des philosophes que dans le livre universel de la nature. Je courus les forêts et les amphithéâtres passant du rêve au scalpel. J'ai vu la mort de près, j'ai voulu surprendre l'âme au dernier frémissement du corps, j'ai tenté de saisir au passage « ce souffle de vie » au dernier soupir cette âme qui fuit.

Ce n'était point assez pour moi d'étudier le cœur et le cerveau, j'ai étudié la mort dans toutes ses manifestations à commencer par la figure « la face de celui qui n'était plus là. »

Le dessin de la physionomie dans le travail de la mort, douze heures, vingt-quatre heures, s'accentue pour donner aux traits plus de caractère et plus de beauté. Il semble qu'un grand sculpteur soit venu pour la retouche suprême et qu'il ait d'un pouce intelligent ennobli, précisé, sublimé la figure du mort. Tout en cherchant l'harmonie, il a accusé le type, jamais l'homme n'est plus beau qu'après sa mort. C'est que l'âme en partant répand sur sa face la lumière divine.

Si le tombeau était la fin de tout, aurions-nous ce frémissement respectueux qui prend à tout homme devant la majesté de la mort. Quand un cercueil descend dans la terre, si nous sommes solennellement ému ce n'est pas de la peur d'y descendre nous-même, c'est de la terreur de l'inconnu. Où va celui qui est parti ? Il est entré dans les ténèbres pour nous impénétrables, mais qui sait si déjà le tombeau ne lui a pas déjà ouvert une porte lumineuse. Qui oserait dire devant cette fosse ouverte que c'est un des gouffres du néant, que le mort que l'on enterre ne s'éveillera pas ?

Quel est le spectateur de ce dénoûment de la

vie humaine qui ne sente que celui qui n'est plus
a encore les yeux ouverts sur nous, les yeux
de son âme. Ses ennemis disent que celui-là
ne leur fera plus de mal, mais ne craignent-ils
pas de le retrouver là-haut? Le sentiment intime
devant un cerceuil, c'est que si « la farce est
jouée » comme a dit Rabelais, elle se jouera encore sur d'autres théâtres. Et la mort est une
figure trop terrible pour que le drame futur ne
soit pas plus grandiose.

Vous qui niez l'invisible, dites-moi si cette
mère désespérée qui cultive des roses et des violettes sur la tombe de sa fille morte en ses vingt
ans, ne croit s'agenouiller que devant un grain
de poussière. Ne sent-elle pas que le parfum de
ces chères fleurs montera jusque dans les ré-.
gions inaccessibles où est l'âme de sa fille? Pourquoi va-t-elle au tombeau, dans ses grandes effusions? c'est que le tombeau est l'autel de son
culte; ce qui fut cher à son cœur est là couché pour
jamais; cette figure humaine s'est transfigurée,
elle la sent tout autour d'elle, qui palpite, qui
pleure et qui console. Le culte des morts prouve le
culte de l'immortalité.

Aussi c'est avec la foi la plus ardente en l'autre
vie que j'ai inscrit ce sonnet sur un tombeau :

O Résurrection ! blanche divinité ;
Qui rouvrant mon tombeau soulève mon suaire
Tu viens me réveiller en ce sombre ossuaire,
Avec le pur rayon de l'immortalité !

Je suis tout ébloui de suprême clarté
Et je vais m'élever de ce lit mortuaire
Au mont inaccessible, où dans son sanctuaire
Je verrai, rayonnant, Dieu dans sa majesté !

Je tiens donc aujourd'hui la clef de ce mystère :
La porte du tombeau se ferme sur la terre
Mais s'ouvre dans le ciel où je ne suis plus seul !

L'hiver neigeux blanchit montagnes et vallées :
Pour l'azur éclatant des sphères étoilées
La mort me transfigure en son chaste linceul.

IX

L'IMMORTALITÉ DE L'AME

Je me suis attardé devant toutes les hypothèses des philosophes et devant toutes les théories des savants qui nient Dieu ou qui l'emprisonnent dans les lois de la nature, comme si le maître des maîtres était esclave de ses œuvres. Il n'est pas bien difficile de ruiner les palais orgueilleux des théories et des hypothèses, puisque tout cela est bâti sur le sable mouvant des rêveries. Les châteaux de cartes que bâtissent les enfants ne sont pas plus fragiles. Si j'ai perdu trop de temps avec les hallucinés — d'autres rêveurs — qui partent des nuages au lieu de partir de la nature, c'est que dans leurs voyages insensés ils arrivent quelquefois à heurter la vérité. Ce sont des voyants dans la nuit.

Après tous ces naufrages de la pensée humaine, j'ai voulu aborder le rivage toujours fuyant de l'athéisme et du panthéisme, le rivage de la science qui a créé le panthéisme et l'athéisme, mais qui finira par se retourner vers la foi en Dieu.

Aujourd'hui c'est la science qui fait les miracles ; l'œil nocturne de l'alchimie s'est fermé sous l'œil lumineux de l'examen. Mais les miracles de la science prouvent les miracles de la création tout en éclairant les stations de la raison. Chaque pas que fait l'humanité est un pas vers l'infini, un pas vers Dieu. Et plus la science nous prouve Dieu, même quand elle le nie, plus nous reconnaissons que l'homme porte la marque divine. Non-seulement le monde où nous vivons a été fait pour l'homme, mais tous les mondes où nous aspirons. Les découvertes du XIXe siècle ont démontré que les planètes les plus voisines étaient des sœurs de la terre. Tous les mondes entrevus sont de la même famille, tous fils de Dieu, tous créés pour des hommes plus ou moins nos semblables, avec toutes les variations imposées par les diverses atmosphères, mais avec une âme voyante, parce que Dieu, qui est toute lumière, n'a pas voulu faire la nuit sur ses créatures. Il a répandu le suprême rayon de son intelligence, consolant par l'intelligence du cœur ceux qui n'étaient pas à la distribution des lumières. *Bienheureux les pauvres d'esprit*, parce que les pauvres d'esprits marcheront d'un pas plus sûr vers l'horizon radieux.

Puisqu'il est reconnu par les plus clairvoyants, parmi les chercheurs de l'Observatoire, que les mondes voisins sont créés avec la même matière par la volonté du suprême sculpteur, qui donc s'opposerait aux voyages aériens d'un monde à l'autre, quand l'âme aura déployé ses ailes, en rejetant sa dépouille humaine ? Mais nous aimons le pays natal. Quelque soit notre amour des aventures, nous revenons toujours avec joie là où fut notre berceau, là où nous avons aimé. Si les mondes n'étaient pas pareils, il serait mal aisé de comprendre nos ascensions futures dans des terres qui seraient inhospitalières, parce que nous ne retrouverions rien de ce qui a été notre vie ici-bas. Ce serait la — terre étrangère — dans toute sa tristesse. Mais pourquoi n'irions-nous pas ainsi vers d'autres patries qui seraient une station nouvelle vers le beau et vers le bien. Là sans doute nous rencontrerions une famille plus familiale, des amis plus fraternels, des sympathies plus douces. Dans chaque monde nouveau le concert serait plus harmonieux. La loi des affinités séparerait de plus en plus Abel de Caïn, car s'il y a des mondes supérieurs, il n'est pas douteux qu'il n'y ait des mondes inférieurs.

Il ne faudrait pas que l'amour du nouveau nous empêchât de croire à la résurrection sur la terre. On peut commenter les desseins de Dieu, mais on ne peut pas les affirmer.

Pourquoi, en effet, ne reviendrions-nous pas après le sommeil mortuaire revêtir encore la robe terrestre ? Il y a la théorie des âmes qui meurent comme les étoiles qui filent, les âmes qui se sont vouées au mal sans jamais avoir eu un retour vers le bien. Par malheur, cette théorie me semble condamnée par la multitude de coquins et d'imbéciles qui peuplent la terre.

Pour quiconque étudie sa force et sa lumière, il y a dans la pensée une image corporelle et une expression de l'âme. Les grandes pensées vien-

nent du cœur, disait un philosophe chrétien.
Qu'est-ce que le cœur? sinon l'âme. La pensée
corporelle habite les régions de la réalité, comme
la pensée de l'éléphant et de la fourmi. La pensée de l'âme ne regarde le monde visible que
comme point de départ. C'est la voyageuse autour des mondes. Elle s'appelle tour à tour l'imagination, la rêverie, la méditation; rien n'arrête
son vol dans les profondeurs de l'idéal, elle va du
fini à l'infini, elle repart de l'infini pour s'aven-
turer encore dans l'infini.

L'idéal c'est le royaume des cieux d'où tout esprit
est tombé sur la terre; c'est le pays de la lumière
universelle dont nous n'avons vu que les rayons
brisés; c'est le spectacle inoui au-delà des nuages,
au-delà des étoiles, au-delà des rêves, où nous
avons çà et là entrevu les fantômes de la vérité.
L'idéal, c'est la première patrie de l'âme : ne le
sentez-vous pas à vos aspirations des heures con-
templatives? Ne sentez-vous pas que vous êtes
entraîné vers cette patrie future par toutes les
vertus humaines, l'héroïsme, la charité, l'abné-
gation, le sacrifice, comme par vos enthousiasmes
pour le beau, qui est l'image de Dieu.

Mais parce que l'âme a deux miroirs : celui qui ne refléchit que les choses humaines et celui qui refléchit les choses divines, faut-il en conclure que nous avons deux âmes — hypothèse qui a souri à beaucoup de philosophes — non. C'est comme si on disait que Dieu a deux figures, une pour la terre et une pour le ciel. La parcelle de divinité dans l'âme de l'homme le surelève au-dessus de lui-même. Il est moitié Dieu et moitié bête : il est homme. Il a les attributs de Dieu puis-qu'il a la liberté de faire le bien, mais il est con-damné « au paradis perdu » et « aux stations de la croix. » Il semble obéir à deux âmes : l'âme di-vine et l'âme humaine, mais c'est la même âme. L'enveloppe mortelle a ses heures de despotisme, l'âme s'humilie parce qu'elle ne peut briser les portes de sa prison, mais elle sait que « le lende-main est à Dieu. »

Pour tout homme qui a appris la vie en vivant, il n'est pas douteux qu'il n'y a ici-bas — c'est déjà une promesse du ciel — que les joies de l'âme même dans les joies du corps, à moins que l'on ne fasse descendre les voluptés dans le bour-bier des matérialistes.

Le vin que je bois et le fruit que je mange ne sont pas seulement savoureux et parfumés pour ma bouche, ils charment mon esprit, parce qu'ils sont le miracle de la nature, parce qu'ils lui rappellent la poésie de la couleur et de la forme, parce que j'entends chanter les airs de la vigne et les symphonies de l'espalier.

L'amour même pour don Juan est plus une volupté idéale qu'une volupté matérielle. Sans parler ici des joies de l'orgueil, ne lit-on pas avec une curiosité intelligente tout le poëme de la beauté dans la femme vaincue? Dans les effusions du cœur l'âme étreint l'infini.

Notre personnalité présente est trop absolue pour ne pas nous faire croire à la personnalité future. C'est vainement que toutes les races ont failli brouiller en nous le sentiment d'un moi antérieur : le moi a persisté. Quel est l'enfant qui ne retrouve pas dans sa figure comme dans son esprit des expressions caractéristiques de son aïeul, de son bisaïeul, de son trisaïeul, sans parler de son père ?

L'héritage de la famille ne se compose pas seulement d'une maison, d'un champ, d'un titre de rente : il se compose surtout des richesses morales amassées peu à peu ; — tant pis pour ceux qui ne les ont pas recueillies ; — il se compose de la science acquise des vertus domestiques, du sentiment de l'idéal de plus en plus accusé, de l'amour de Dieu et de l'amour de la patrie, d'une part indivise dans tout ce qui fait la fortune de l'humanité.

Or, comment admettre que cette personnalité transmise par la famille soit frappée de mort quand viendra l'heure du tombeau ? Comment admettre que cette âme qui a sa figure distincte, qui porte en elle devant Dieu la somme de ses vertus ou de ses crimes, va s'évanouir dans l'âme universelle des choses, pour n'être plus qu'une flamme égarée qui sera prise pour d'autres existences ?

N'est-il pas bien plus simple de croire, puisque l'âme ne meurt point comme le corps, qu'elle continue ses stations sur le chemin de l'infini, dans tout l'orgueil ou dans toute la confusion de sa personnalité ?

Vous vous dites, en vous retournant vers le passé, « Je ne me souviens pas. » En êtes-vous bien sûr? Rappelons encore ces paroles d'un voyant, du grand Shakspeare : « La vie est un conte de fées qu'on écoute pour la seconde fois. » Tous les poëtes ont rêvé au souvenir d'une autre vie. Quand les heures de poésie chantent autour de vous, ne vous penchez-vous pas, avec un sentiment de mélancolie, sur les abîmes du passé, en évoquant les figures sympathiques des siècles évanouis. Qui ne s'est dit en étudiant l'histoire : « Je me retrouve dans ce temps là, » comme si tel et tel siècle avait marqué plus vivement en nous, ou plutôt, comme si le sentiment familial nous ramenait aux pérégrinations de nos aïeux. Si ce n'était nous qui vivions en ce temps là, c'était un des nôtres, celui nous a transmis ses idées comme son sang.

Ce monde n'est qu'un commencement. Tout s'ébauche ici-bas. Qui ne voit en nous le voyageur disparaissant après trois ou quatre stations, — toujours les stations de la Croix pour le grand nombre. — Ceux qui traversent la vie avec la joie dans le cœur et avec l'orgueil sur le front, prouvent une fois de plus que la justice n'est pas de ce monde. La vie future est donc d'une nécessité absolue *.

Socrate a dit : « que la mort de l'homme loin d'être un mal est un bien, puisqu'elle doit le créer Dieu lui-même ou le faire vivre avec les dieux. » Pour Platon, le divin Platon, « l'homme est déjà un Dieu sur la terre, » or les dieux ne meurent pas. Toute la sagesse du Portique rayonne dans cette idée de Socrate et de Platon. Frappez à la porte de tout philosophe antique, depuis Phérécyde jusqu'à Cicéron, en laissant Épicure et Lucrèce s'abimer voluptueusement dans la Nature, ils vous répondront que l'âme est immortelle. Pourquoi? Parce que c'est leur âme elle-même qui vous répondra; parce qu'ils ont reconnu que l'âme est subtile quand le corps est terrestre; parce que l'âme a la conscience d'être

* Les Juifs eux-mêmes, qui n'ont jamais parlé de la vie éternelle, croyaient pourtant à la justice de Dieu dans une autre existence. Le grand Arnaud rappelle que lorsqu'on leur parlait de la mort tragique des bêtes, ils disaient : « Dieu a ainsi tout ordonné, mais, par exemple, le rat qui a été dévoré par un chat sera récompensé dans le siècle à venir. » Ceux qui ont nié la foi des Juifs en la résurrection ne peuvent pas admettre qu'ils croyaient plus à la résurrection des bêtes qu'à leur résurrection.

et de braver le néant ; parce que le corps n'est que le navire qui va d'une rive à l'autre ; parce que, si le corps est un agrégat de poussière humaine, l'âme est une unité indivisible de lumière éternelle.

La pensée humaine est comme les vagues qui réfléchissent l'infini, mais qui ne peuvent franchir que leurs limites naturelles. Aussi l'homme aura beau s'agiter sur la terre, il ne marchera en avant que par les forces de son âme. La terre tremble et vous voulez bâtir ! disait Joseph de Maistre. Lamartine, en ses derniers jours, confessait aussi le néant des forces humaines : « Annoncez au monde de demain, le monde à peu près semblable de la veille, changeant de siècle plutôt que de sort, flottant dans les mêmes oscillations entre l'erreur et la vérité, cherchant sans cesse et ne trouvant jamais l'absolu que dans ses désirs, *figure qui passe*, comme dit l'Écriture, mais qui passe, hélas ! par les mêmes sentiers ! » Et pourtant Lamartine lui aussi avait eu la France un instant dans la main ; mais, quelle que fut la grandeur de son âme, il avait reconnu bien vite qu'on ne refait pas le monde. Et pareil à Socrate, dont il avait chanté la coupe pleine de ciguë, il s'était tourné vers Dieu en disant tout à la fois le mot de Salomon et le mot de Bossuet : « Vanité des vanités ! — Dieu seul est grand, mes frères. »

Selon Vauvenargue : il n'y a point de perte qu'on sente si vivement et si peu de temps que celle d'une femme aimée. Mais Vauvenargue n'a pas dit qu'on ne se consolait pas de la perte d'une femme aimée quand elle est morte. Celle-là est vivante toujours en notre cœur, ce qui est encore une preuve de notre immortalité. C'est l'âme qui appelle l'âme. La soif de l'amour inapaisé nous ouvre déjà par l'esprit les routes radieuses du ciel. Ce qu'il y avait de divin dans notre amour, nous voulons le retrouver plus divin encore, dépouillé des voluptés terrestres. Le mot *adieu* est le mot de l'espérance : tout ce qui est beau et bon en nous ira A Dieu. A Dieu tout ce que nous aimons, à Dieu tout ce qui est notre idéal.

Les amours qui se brisent sur la terre se renouent au ciel, s'ils sont brisés par la mort elle-même. C'est que les destinées de l'âme nous mènent par delà le tombeau avec les sentiments qui ont agité notre vie ici-bas. Plus on approfondit l'abîme du lendemain, plus on traverse la nuit vers l'aube promise, plus on se convainc que la vie terrestre n'est qu'un commencement.

Les sceptiques disent, en raillant : Pourquoi voulez-vous croire à l'immortalité, quand tant de bonnes gens vivent sur la terre comme s'ils n'avaient pas d'âme ! A quoi sert à mon épicier, à ma fruitière, à cet homme de bourse, à cette femme de mauvaise vie, de retrouver au ciel une âme qu'ils n'ont jamais connu sur la terre?

Le sceptique raisonne en aveugle. Je ne suis pas de cette école d'un philosophe moderne qui a dit : « La plupart des hommes laissent périr leur âme, aussi ceux-là ne trouveront pas l'immortalité. » La vérité, c'est que l'âme ne périt pas, mais sommeille sous le manteau des appétits grossiers. Elle a pourtant chez les plus endurcis et les plus stupides ses heures de réveil. Qu'une grande douleur frappe cet homme et cette femme qui ne croient qu'à l'argent, ils lèveront les yeux au ciel pour retrouver un enfant perdu. Ils sentiront chanter en eux je ne sais quelle solennelle poésie du déchirement. Les symphonies de l'immortalité viendront çà et là résonner à leurs oreilles, comme nous entendons l'écho des musiques oubliées.

Pour élever un monument à l'âme immortelle, il faut prendre çà et là une pierre dans les ruines philosophiques, mais ce ne sera encore qu'un monument mortel; tandis qu'en écoutant les symphonies de son âme, il s'élèvera splendide jusque dans les cieux, comme les palais aux violons d'Orphée.

Les petits esprits, quand on leur parle de l'immortalité de l'âme, demandent des preuves. Rien de ce qui est grand ne se prouve mathématiquement, ni l'harmonie, ni la beauté, ni Dieu. Mais si tout homme veut éveiller en soi le sentiment de son origine, il reconnaîtra que tout autour de lui, lui parle des destinés de l'âme immortelle. Peut-il nier cette religiosité mystérieuse qui lui montre Dieu par des échappées de ciel bleu à travers les nuages obscurs? Peut-il nier ce vague souvenir de la patrie perdue? cette effusion qui l'emporte plus loin que la terre aux heures d'amour ou de désespérance? ce vague écho de l'hymne universel des mondes espérés qui lui frappe au cœur quand il s'attarde dans un cimetière!

I

L'immortalité de l'âme se prouve par la parcelle de divinité que Dieu a daigné donner à l'âme humaine. Elle se prouve par les poëtes et les philosophes, ces commentateurs du rêve de Dieu; elle se prouve par les aspirations de tout homme vers les mondes futurs; elle se prouve par la foi, cette échelle d'or qui va de la terre au ciel; elle se prouve par l'injustice des choses et par l'injustice des hommes, ce monde n'étant que l'ébauche d'un monde plus beau; elle se prouve par la révélation du Dieu des dieux qui est tout amour, mais qui s'indigne des crimes et des lâchetés; elle se prouve par la parole de Jésus qui a signé le pardon avec son sang; elle se prouve, parce qu'elle est imprimée dans l'âme pour tous ceux qui savent lire et même pour ceux qui ne savent pas lire; elle se prouve au soldat qui va se faire tuer pour sa patrie, à la mère qui enterre sa fille, comme à la fille qui voit mourir sa mère ; à l'homme qui va descendre au tombeau et qui dans les angoisses de la dernière heure retrouve le courage des passagers à la fin de la tempête ; elle se prouve par le spectacle d'un ami mort, qui garde sur sa figure le reflet suprême de l'âme envolée.

L'âme est immortelle, parce qu'elle est douée d'une volonté surhumaine et qu'elle veut être immortelle ; parce que la création est l'harmonie des forces vives, parce que le monde est gouverné par la vie et la lumière ; parce que l'âme la plus endormie a des songes rayonnants ; parce que tout homme est une providence s'il ne trahit pas son origine.

Le sentiment de l'immortalité de l'âme est dans la conscience de l'humanité comme dans la conscience de l'homme. Elle est dans l'âme elle-même, parce que l'âme a des désirs extra-humains, comme le passager qui sent bien qu'une fois au rivage il s'échappera du navire pour courir le pays. Parce que le corps et l'âme ont deux natures dissemblables, ou plutôt que le corps n'est que le serviteur de l'âme. Parce que l'âme, tout en illustrant le corps d'un éclat passager, passe sans cesse à l'illustration d'une personnalité invisible qui est sa figure à elle-même. Parce que l'âme voit le néant des grandeurs humaines et dit en aspirant aux grandeurs divines le beau mot de Septime-Sévère : « J'ai vu que tout n'était rien. » Parce que l'âme a une soif d'éternité et qu'elle devine les fontaines de l'infini.

Puisque l'âme est immortelle, puisqu'elle montera de monde en monde vers l'éternelle lumière, vers l'éternel amour, vers l'éternelle justice, ne doutons pas de sa personnalité. Il faut que tout homme emporte ses actions vers Dieu. La conscience est le livre éternel où le bien et le mal ont mis leur marque. Comment serions-nous dépouillés, pour entrer dans la vie future, des vertus acquises dans cette vie? Car le jour où l'homme perdra ses biens matériels en passant par le tombeau, il s'apercevra de sa richesse ou de sa pauvreté en biens immatériels. Mais quelque pauvre qu'il soit, il ne voudra pas perdre ce qui est à lui, il continuera à travers les mondes à acquérir sa part de souverain bien pour fortifier son *moi* dans toutes ses attitudes et dans toutes ses aspirations. Dieu ne prendra pas à César ce qui est à César. Tant mieux pour celui qui aura été grand, tant pis pour celui qui aura abaissé son âme.

Disons encore avec Platon pour bien dire : « Nous marcherons toujours par la route céleste, nous nous attacherons de toutes nos forces à la pratique de la sagesse et de la justice. En paix avec nous-mêmes et avec les dieux, après avoir remporté sur la terre les palmes de la vertu, sem. blables à des athlètes victorieux conduits en triomphe, nous serons encore couronnés là-haut pour accomplir avec toutes les joies infinies ce voyage de mille et mille ans dans les routes enchantées. »

II

Nous venons du ciel et nous allons au ciel. N'avons-nous pas à toute heure des ressouvenirs de notre pays natal ? Comme le navigateur qui salue tous les rivages avec amour nous saluons toutes les étoiles, comme si nous sentions que notre pays passé, que notre pays futur est dans l'une d'elles. Qu'est-ce que la mort ? La barque antique qui nous conduira dans les mers de l'infini. Le Styx est un mensonge : l'oubli n'existe pas, ou plutôt c'est l'abîme où tombe tout ce qui fut notre corps.

Consolez-vous, vous qui mourez! L'œil fixé sur ces sphères rayonnantes, qui chantent à travers l'espace le cantique de la vie, unissez votre âme, un instant obscurcie et défaillante, aux légions d'âmes qui méditent dans l'infini des temps et dans la variété des demeures célestes, dans la contemplation éternelle du Bien et du Beau.

Mais ce ne sont point les morts qu'il faut consoler; ce sont ceux qui vivent. O vous qui souffrez du mal de l'absence, vous que tourmente la fièvre de l'idéal, vous qui cherchez le monde de vos rêves, vous dont l'existence s'est brisée à demi dans une existence plus chère que la vôtre, écoutez la voix de la raison, de la nature, de la conscience humaine qui vous dit : les feuilles tombent, les hommes meurent, les étoiles s'éteignent; mais, comme l'Océan dont les flots changent et se déplacent, la vie continue d'aspirer d'un rivage à l'autre vers les astres qui la dirigent.

Les âmes qui disparaissent continuent-elles

d'entretenir un commerce avec la famille terrestre ? La poésie dit oui et la poésie a raison. Ce serait n'exister plus que de ne plus aimer : or, l'amour est actif ; dès qu'il est, il faut de toute nécessité qu'il se manifeste ? N'accusez point l'imagination d'avoir créé des fantômes. L'imagination est la folle de la réalité. Ce qu'elle voit dans les nuages, la philosophie le voit avec plus de certitude dans le miroir du raisonnement. Gardons-nous surtout de mépriser les ombres que l'éternité projette à la surface du temps. Vous connaissez l'histoire des mirages : les premiers marins qui crurent voir des montagnes de glace au sein des mers du pôle arctique furent traités de visionnaires ; ils avaient pris en effet l'ombre des montagnes pour les montagnes elles-mêmes ; mais ce n'était après tout qu'une simple transposition des faits, — les montagnes étaient plus loin. — Il en est de même des phénomènes de la vie future. Nos sens peuvent se tromper ; mais notre sentiment ne nous égare pas. Les légendes dont s'est bercée notre enfance ne sont que des réfractions de la vérité. Si les morts ne reviennent pas, leur pensée revient sur la terre.

Le ciel est la patrie ; quand nous finirons de mourir la toile se lèvera comme au théâtre. Théâtre solennel. Et nous les reverrons toutes ces figures aimées, qui dans le voyage de la terre nous ont fait croire au ciel, à « l'autre monde, » où nous aspirons chaque jour de notre vie : Dieu ne trompe pas.

FIN

APPENDICE

I

DE DIEU ET DES DIEUX

Les hommes ont commencé par croire à tout, même aux dieux ; ils finissent par ne plus croire à rien, même à Dieu.

Ce ne sont pas les hommes qui ont inventé Dieu. Si Dieu n'existait pas, l'homme, ce Dieu tombé, n'aurait pas l'idée de Dieu.

Si on aspire au ciel c'est qu'on se souvient du pays natal.

Il faut croire à Dieu, il faut même croire aux dieux : tous les dieux ont existé : ils existent dans un présent éternel, c'est-à-dire que Dieu, dans sa souveraineté, a revêtu tous les symboles pour se manifester aux hommes et pour représenter ses droits : l'esprit de justice, l'esprit de grandeur, l'esprit de charité.

Quand on envisage en philosophe tous les dieux qui ont eu leur temps sur ce grain de sable qui s'appelle la terre, quand on entrevoit d'autres figures divines dans les millions de mondes épars autour du soleil, on arrive à cette idée que, Dieu l'immuable a dépêché, sur tous les points de l'infini, des ambassadeurs pour symboliser sa souveraineté. Là l'ambassadeur s'est appelé Vishnou pour parler aux Indiens ; Zeus et toute sa cour splendide pour parler aux Grecs ; Mahomet pour parler aux Turcs ; Jésus, fils de Dieu, le plus doux, le plus sage, le plus grand des ambassadeurs de Dieu, pour révéler Dieu dans l'homme.

Grâce à Jésus, l'homme a retrouvé sa grandeur dans son humilité, il a cru à son âme immortelle, il a détaché son esprit des biens périssables, pour gagner sa part du ciel.

Nous avons compris que notre royaume n'était pas de ce monde.

Mais quel sera notre royaume au ciel, par quel chemin mystérieux monterons-nous dans ces sphères lumineuses où l'âme s'enivre de rayons et d'harmonies ?

Pour quiconque sait lire, l'enfer et le purgatoire sont les stations du paradis. Combien qui déjà trouvent l'enfer sur la terre : c'est autant de fait pour arriver à Dieu ; bienheureux ceux qui pleurent, ils seront consolés !

Le repentir c'est le purgatoire. Bien peu montent au ciel sans s'arrêter au passage dans ce purgatoire. Esquissons encore un paradoxe :

La mort, cette joueuse d'osselets, passe et prend un homme ; ce qui a été poussière retournera en poussière, mais l'âme victorieuse s'envole sans avoir subi l'étreinte de la mort. L'âme c'est notre corps qui se transfigure et qui prend des ailes ; les visions ne nous l'ont-elles pas dit ? Or, quelles que soient la vertu et la bonté qui escortent une âme dans son voyage au ciel, elle traîne en cortége toutes les passions qui l'ont envahie. Elle ne peut s'arracher encore aux souvenirs du péché. Elle a eu beau se réconforter par ce sublime coup de l'étrier qui s'appelle l'extrême-onction, elle n'est pas encore digne de Dieu ; aussi est-elle attardée dans les voies nocturnes du purgatoire.

L'Écriture dit que les âmes du purgatoire effacent leurs péchés à force de larmes et gagnent le ciel à force de prières. Je crois fermement que les âmes du purgatoire sont condamnées à une autre pénitence :

Dieu voulant que toute âme pécheresse reconnût la grandeur de ses fautes, lui permet de se

retourner vers le monde qu'elle quitte pour assister au spectacle du bien et du mal. Quand on
voit de haut et de loin on juge mieux. Le sonneur
n'entend pas chanter la cloche, le soldat ne voit
pas la bataille, le criminel ne sent pas l'abîme
sous ses pieds. Dieu fait mieux encore, il permet
aux âmes en peine de ne pas rester impassibles
devant le théâtre de l'humanité.

Les âmes délivrées des chaînes corporelles ont
vécu leur vie sans se regarder vivre, emportées
par le tourbillon des choses. Désormais elles
joueront encore un rôle, mais avec la conscience
de leurs actions elles seront ce que nous appelons
le bon ange et le mauvais ange. Chacune d'elles
prendra un enfant au berceau, et, invisible toujours, elle le conduira fatalement au bien ou au
mal, sachant déjà qu'il n'y a rien d'absolu dans le
bien, ni dans le mal. Elles obéiront encore d'ailleurs à leur nature primitive; les plus coupables
ont beau se repentir, elles ne s'arrachent pas de
prime saut aux douceurs et aux horreurs du péché : elles ont trop aimé leurs passions pour ne
pas cueillir encore quelques fleurs sur le fumier.

Et voilà comment nous sommes le jouet des
âmes du purgatoire.

Nous nous imaginons volontiers que nous
avons toute liberté d'action, que Dieu nous a

donné la volonté qui triomphe de tout, mais nous ne sommes que des esclaves quand nous nous croyons des maîtres. Nous obéissons à un pouvoir occulte comme les comédiens obéissent à Shakspeare et à Molière, qui ne sont même pas dans la coulisse. Et si on les applaudit pour quelque beau sentiment ou quelque mot sublime, les comédiens prennent cela pour eux, comme nous nous attribuons les belles actions de notre vie.

Combien de rêveries, combien de paradoxes, combien de chemins nocturnes pour s'approcher de la vérité ! Théophile Thoré m'invita un jour à dîner au cabaret en me promettant de me faire faire une belle connaissance : je croyais trouver une déesse, je ne trouvai qu'un dieu — c'était le Mapah. — Qui n'a vu celui-là avec sa tête de Jupiter foudroyant ? Chenavard a encore quelque chose de lui dans le coup d'épaule et le froncement de sourcils. Mais le Mapah était plus grandiose, plus chevelu, plus flamboyant, plus barbu. C'était la forêt sacrée. A ce dîner il y avait Esquiros qui écrivait alors l'*Évangile du peuple*, Félix Pyat qui revenait d'une répétition du *Chiffonnier*, Émile Barrault qui publiait sa thèse sur *la Femme libre dans le Mariage*, tous révolutionnaires de la haute école. Il paraît que j'étais aussi un révolutionnaire — sans le savoir : — j'avais fait un livre panthéiste ; on sait que le grand mot du jour était celui-ci : « Tout est dans tout. »

Ce qu'on remua d'idées, ce qu'on renversa de trônes, ce qu'on jeta de dieux par la fenêtre, je ne saurais le dire. Jamais on ne s'était mieux grisé de paradoxes. Le Mapah fut éblouissant, c'était tout à la fois Mirabeau, Saint-Just et Saint-Simon, le Saint-Simon des Saint-Simoniens.

Le Mapah dépassait Enfantin de mille folies. Ce dieu Enfantin je l'ai connu aussi quand il daignait descendre de sa nuée à Ménilmontant, pour parler aux saints de son Église : Emile Péreire et Charles Duveyrier. Je ne parle pas des saintes. C'était le chaos, mais c'était le chaos des idées. Si Enfantin avait pu débrouiller ce chaos, le monde moral eût été transformé. Mais le vieux monde est l'abîme perpétuel, l'avenir y tombe toujours.

Pareillement, j'ai connu le dieu Pierre Leroux, et son disciple Jean Raynaud. Mme la baronne Du Devant joua le rôle de la Vierge dans cette religion ; mais Mérimée dissipa le nuage en prêchant l'athéisme : puisqu'il n'y avait pas de Dieu dans le ciel, il ne pouvait y en avoir sur la terre. C'était au temps du dieu Fourier. Parlons-en de celui-là ou plutôt n'en parlons pas.

Après Fourier les dieux se cachent. Le matérialisme enfante les prêcheurs du néant : voici venir Comte et Proudhon. La nuit cache le jour.

Nous reconnûmes, avec Gérard de Nerval, dans notre amour pour l'antiquité, que c'étaient des dieux ceux de l'Olympe : le panthéisme éblouissant et couronné, la nature universelle pensant et aimant, le grand livre de la vérité vu par les symboles. Ce fut pour aller saluer les dieux des Grecs et des Romains que Gérard s'embarqua pour la première fois, Homère et Virgile à la main. Il fit une station au Styx, une à Cythère, une au mont Olympe, partout. Cette grande religion de l'antiquité a encore aujourd'hui ses croyants, M. Louis Ménard, pour ne citer qu'un des plus dignes. Vous pouvez lui dire que Napoléon n'a jamais existé, mais il ne vous permettra pas d'affirmer que Jupiter n'est pas toujours le dieu des dieux.

Je ne continuerai pas aujourd'hui ce dénombrement des dieux du XIX⁰ siècle, ils ont tous fait faillite à la raison.

II

DIEU ET L'ÉTAT

Ce sont les hommes qui n'ont pas de conscience qui parlent le plus haut de la liberté de conscience. Parce qu'on s'est un peu retourné vers Dieu, ils crient déjà à la Saint-Barthélemy et à la Révocation de l'Édit de Nantes. Ils savent bien que la liberté de conscience ne sera jamais atteinte. Mais ils ne veulent pas que la société soit sauvée. Or la société ne peut être sauvée que par Dieu, sinon par l'épée. On aurait beau donner aux hommes tous les matins une infusion de Socrate et de Voltaire, ces deux miracles de l'esprit humain, on ne referait pas la santé de toute cette génération malade, à qui on a prêché le néant. Les âmes se sont endormies à ce point qu'on ne croit plus à son âme. Il n'y a que Dieu qui la puisse réveiller.

Hors de Dieu il n'y a point de salut social.

La République sera vaincue par la religion, si la République n'aime pas Dieu. Quand la première révolution voulut soumettre l'Église à la constitution civile, elle ne réussit qu'à introduire

dans l'Église un schisme dangereux. Il n'y a pas
d'État sans Église; quand l'État se sépare de
l'Église, il n'a plus de point d'appui. L'Église au
contraire peut vivre sans le point d'appui de
l'État. La Révolution n'a pas eu la force de soumettre les croyances à la loi, parce que la loi
n'était pas soumise à la foi; c'est contre ce roc
qu'est venu se briser le vaisseau qui portait nos
destinées. Les philosophes de l'Assemblée natio-
nale ont eu le tort irréparable de mettre la politique sur l'autel : ils ont manqué ainsi à l'œuvre
de l'humanité. Vainement ils avaient dit : « Tous
les cultes sont reconnus par la loi. » Mais ils ne
prêchaient que le culte de la République. Dieu
était absent. Les femmes pleuraient; quand la
femme pleure c'est la maison qui pleure. Ni Dieu
ni famille. Le vieux dicton : « Pauvre homme en
sa maison, roi est » eût été vrai alors, si Dieu eût
protégé la maison.

Les cultes ne se détruisent point, ils se remplacent. Or, la philosophie du xviiie siècle n'était
qu'une négation, et les peuples ne vivent point de
négation. Il leur faut une foi et un symbole. Ce
symbole, l'Assemblée constituante était incapable
de l'improviser. Elle crut beaucoup faire en limi-
tant l'action politique du clergé, c'était trop ou
trop peu. Elle irrita un ennemi puissant, sans lui

enlever ses armes. Le clergé dissident se retrancha dans l'inviolabilité du dogme. Il fallut l'y poursuivre : c'était la guerre. Contre les coups de la loi, le sacerdoce français se couvrit du bouclier de la conscience. Blessé par la main des réformes, il se donna le prestige du martyre.

Les hommes politiques ne s'aperçurent pas d'abord de l'abîme qu'ils venaient de creuser. Dans cet abîme devait pourtant s'engloutir le plus juste et le plus magnifique mouvement de l'esprit humain.

La Révolution n'osa point se proclamer elle-même une foi religieuse. D'une main en même temps audacieuse et timide, elle ouvrit le Panthéon aux ombres des philosophes ; mais elle ne proclama pas le culte spirituel des grands hommes. Elle aussi avait ses saints et ses martyrs ; mais elle les déposa froidement dans de muets tombeaux, dont ne sortit point le rayon de l'immortalité. L'évêque Fouchet s'écriait : « Le jour de la révélation est arrivé ; les os se sont levés à la voix de la liberté ; ils déposent contre les siècles de l'oppression et de la mort ; ils prophétisent la régénération de la nature humaine dans la vie des nations. Les tyrans sont mûrs. *Solem quis dicere falsum audeat?* » Mais le soleil n'éclaira bientôt que l'échafaud. Châtiment de la Révolution athée.

On avait en tel effroi la féodalité qu'on frappait du même coup la royauté et l'Église. Ce fut la grande faute. Si la Révolution eût fait le signe de la croix devant l'Église, l'Église eût chanté la Révolution. L'Évangile de Dieu devenait l'Évangile du peuple.

Napoléon Ier a sauvé l'esprit de la Révolution en rappelant à elle l'esprit de Dieu. Quand il a relevé l'autel, il a mis d'un côté la patrie et de de l'autre la religion. Ç'a été sa force, parce que c'était la force de la France — de la France ancienne et nouvelle. Si les vrais révolutionnaires avaient eu autant d'esprit politique que Napoléon Ier, ils n'auraient pas brouillé l'État avec l'Église. La Révolution se serait faite par la grâce de Dieu, comme se font les royaumes. Là seraient sa force et sa conscience. Les hommes politiques, qui ont charge d'âmes, ne peuvent jamais séparer de la religion le droit et le devoir.

On se demande pourquoi le peuple n'aime pas les curés. Est-ce parce qu'il faut payer sa place à l'église, comme à l'Opéra ? — Voltaire disait que l'église c'était l'opéra des gueux. — Est-ce parce qu'il faut payer le sacrement du baptême et le sacrement du mariage ? Est-ce parce qu'il faut payer sa dernière station à l'église dans le lit mortuaire ? Est-ce parce que le prêtre a cela de commun avec le corbeau qu'il est toujours habillé de noir ? Il y a un peu de tout cela, mais ce qui nuit aux prêtres dans l'esprit des populations, c'est qu'il ne va pas au cabaret. Il faudrait pour être du goût des faubouriens et des paysans que tous les curés fussent des *curés de Meudon*.

Il y a une chose que l'ouvrier ne pardonne pas au prêtre, c'est que, selon lui, le prêtre est un fainéant. Il ne peut pas s'habituer à le voir se promener bréviaire à la main pendant qu'il travaille. Il admet bien que travailler c'est prier, mais il n'admet pas que prier c'est travailler. Et pourtant, puisqu'il pardonne au pâtre de garder son troupeau en se promenant, pourquoi ne permet-il pas au prêtre de garder ainsi ses ouailles ? Tous deux ne sont-ils pas de la même origine ? Oui, mais le pâtre dit qu'ils n'ont pas suivi le même chemin : le chemin du prêtre le conduit au festin du château, dont le pâtre n'a que les miettes.

Les gens de la campagne n'aiment pas plus les églises que les châteaux ; on leur fait du bien des deux côtés ; mais c'est la poule aux œufs d'or : ils mettraient bien volontiers le feu aux châteaux et aux églises pour s'en partager les dépouilles. Il leur semble d'ailleurs que le châtelain et le prêtre mangent comme quatre. Or, s'ils mangent comme quatre, ils mangent le pain du pauvre. Voilà leur politique.

C'est cette même politique qu'ils me confessaient l'an passé avec une effusion touchante. « Un jour viendra, me disaient-ils, où votre château sera pillé et brûlé, puisqu'on pillera et qu'on brûlera tous les châteaux : ce jour-là, ce sera une consolation pour vous de savoir que ce sont les gens de votre pays qui auront pris ce qu'il y avait de meilleur. Chacun son terroir, nous n'irons rien prendre aux voisins, mais nous ne souffrirons pas que les voisins viennent prendre quelque chose chez nous. » Je remerciai ces braves gens avec une effusion touchante de ce qu'ils voulaient bien remettre à quelque temps de là cette aimable Jacquerie.

On pourra mal interpréter l'Évangile pour y trouver des armes quand on est le roi ou quand on est le peuple. Mais, comme l'a dit éloquemment le duc de Broglie : « l'Église qui n'a jamais autorisé Bossuet lui-même à fonder la monarchie absolue sur l'Évangile, ne pouvait permettre à des républicains improvisés — Lamennais et Lacordaire — de tirer à leur tour la démocratie pure de l'Évangile. Pour s'enchaîner par ces formules étroites et passagères, elle a trop de siècles à traverser et trop de territoires à couvrir. Dépositaire d'une doctrine qu'elle doit réserver pour tous les âges et distribuer à tous les hommes, toute la liberté de ses mouvements lui est nécessaire pour ne heurter nulle part aux accidents du temps et de l'espace le vase précieux qu'elle porte en ses mains. »

Dieu a voulu que le christianisme retrempât l'antiquité déchue dans les eaux vives du divin sentiment ; mais il a voulu aussi que le catholicisme se colorât aux miracles de lumière du pays d'Homère, de Phidias et de Platon — ces hommes qui créaient des dieux !

L'Église doit vivre sous la lumière de la Renaissance et non sous les ténèbres du Moyen Age. Elle ne doit vouloir que la féconde tyrannie de la Charité ou de la Fraternité. Plus elle sera douce aux penseurs, plus la liberté de conscience frappera à sa porte.

Devant l'Église pacifique et fraternelle, que fera le philosophe ? Il soumettra la matière à l'esprit, la terre au ciel, l'homme à Dieu. Qui n'est pas spiritualiste, n'est pas philosophe. Il ne passera par le chemin de la science que pour aller plus vite à la foi. Plus le monde sera merveilleux, plus l'homme fera de conquêtes vers l'inconnu, plus le philosophe reconnaîtra la grandeur de l'infini.

Et devant l'Église chrétienne et la philosophie

spiritualiste, que fera l'athée? Mais il n'y a point d'athées ; ceux-là même qui nient leur âme croient à leur âme. Il est bien inutile de leur démontrer Dieu puisqu'ils le reconnaissent quand ils sont en face de lui. C'est Piron disant avec l'impertinence de l'esprit : « Nous nous connaissons, mais nous ne nous saluons pas. » Newton n'avait pas tant d'esprit. Aussi il ne manqua jamais de saluer, quand il entendit prononcer le nom de Dieu.

Quelle jolie comédie à faire en habillant Tartufe en professeur d'athéisme et Orgon en athée sans le savoir ! Comme Tartufe nº 2 ferait la joie d'Orgon en lui prouvant qu'il n'y a pas de Dieu ! « Pas de Dieu, monsieur, alors il n'y a ni paradis ni enfer ? — Pas davantage. — Ah ! j'en suis bien aise ! Et l'âme, monsieur l'athée ? — Il n'y a pas d'âme non plus. — A la bonne heure, parce qu'il fallait s'occuper de son salut. Et la conscience ? — Il n'y a pas de conscience. — Ah! tant mieux ! c'est un tribunal, et je n'aime pas plus les hommes noirs du palais que les hommes noirs de l'église. » Vous voyez d'ici le professeur d'athéisme devenant l'ami de la maison et faisant la cour à la dame. « Le pauvre homme ! il veut convertir aussi ma femme. » Orgon nº 2 mourrait de joie pour être enterré civilement. Mais il serait puni, parce que son chien ne voudrait pas suivre son convoi.

Quand vous rencontrerez un athée dans le monde, poussez-le à bout. Par orgueil humain, il se cramponnera dans son néant, mais vous finirez toujours par trouver le défaut de cuirasse chez ce pauvre révolté : il vous rappellera ces rebelles du Moyen Age qui niaient Dieu et qui avaient peur du Diable. Aujourd'hui l'athée ne croit pas en Dieu, mais il a peur de Dieu.

On a pu croire qu'un souffle nouveau allait régénérer cette vieille nation qui a tant de fois chanté sa renaissance. Mais, de révolutions en révolutions, la France laisse Dieu en chemin, — je veux dire qu'elle déserte le chemin de Dieu. Les philosophes lui ont dit que la vertu était un culte plus beau puisqu'il ne récompensait pas, tandis que l'ancien Dieu n'était guère qu'un maître d'école qui avait inventé l'Enfer et le Paradis.

Le jour où on a supprimé l'enfer, c'est-à-dire l'effroi du remords, on a supprimé dans l'homme la peur de mal faire. Le jour où on lui a octroyé la liberté, il s'est imaginé que c'était la liberté pour lui contre les autres. Il a bien voulu de l'égalité, mais a-t-il compris une seule fois le sentiment de la fraternité ? M. Jules Simon, qui a fait un beau livre sur le devoir, sait bien, aujourd'hui qu'il a été ministre de l'instruction publique et des cultes, que les meilleurs livres des philosophes ne sont pas lus par le peuple.

On ne parle au peuple qu'à l'école, à l'église ou au club. Les clubs sont jugés : c'est l'athéisme qui les a inaugurés. « Il faut fermer les clubs, » ç'a été le premier mot de Lamartine en 1848. Il reste l'église et l'école. Par malheur, l'église, qui tient encore la femme, a laissé l'homme s'échapper au cabaret. L'école est ouverte, mais combien d'enfants se font hommes sans avoir passé par l'école, ou plutôt combien d'écoliers qui font l'école buissonnière parce que l'intelligence n'a pas jailli à temps !

Quelques philosophes panthéistes et quelques libres penseurs sans drapeau remplacent l'église par le temple de la nature. Ils disent qu'ils ont été à l'école de Jean-Jacques et de tous les sermonneurs sur la montagne, mais au moins Jean-Jacques n'oubliait pas d'emporter l'Évangile. Ainsi toute la philosophie de Jean-Jacques Rousseau s'humilie dans la poussière quand l'Évangile lui arrache ce cri de vérité : « La majesté des Écritures m'étonne ; la sainteté de l'Évangile parle à mon cœur. Se peut-il qu'un livre si sublime et si simple à la fois soit fait par des hommes ? Se peut-il que celui dont il fait l'histoire ne soit qu'un homme lui-même ? »

III

DU LIBRE ARBITRE

Si Dieu a donné à l'homme la liberté — elle est inscrite en tête de la Bible par le symbole de la tentation et de la chute — ce n'est pas la liberté illimitée : il y a un cercle fatal qui semble tracé par Dieu lui-même. Et dans ce cercle fatal la prédestination, qui fut le point de départ des guerres de la Réforme, qui en fut même le champ de bataille comme on l'a dit, enchaîne encore la liberté. En effet, l'homme est forcé d'obéir à son organisme, il est libre d'aller ici ou là, mais la nature, à son insu, l'entraînera là parce qu'il ne se sentira pas ici à sa place. C'est donc Dieu qui nous conduit. A peine avons-nous le loisir de faire l'école buissonnière.

Affirmer que l'homme est maître de toutes ses actions c'est nier Dieu, c'est faire de l'homme un Dieu. Faire au contraire l'homme obéissant aux lois souveraines de la Providence, c'est le faire plus grand, c'est lui donner une mission filiale. Dieu ne l'a pas créé pour le mal : s'il tombe dans la déchéance, il se relèvera ; s'il a perdu son âme, il la retrouvera.

L'athéisme a longtemps voulu nier Dieu par les crimes de l'humanité, ces crimes qui font le désordre dans l'ordre des forces vives de la nature.

Dieu faisant l'homme à son image ne pouvait lui donner le droit de faire le bien sans attenter à sa liberté en l'empêchant de faire le mal. Pourquoi l'homme fait-il le mal? — Dieu ne lui a-t-il pas donné le cœur qui est la bonté et l'esprit qui est la raison? Si l'homme fait le bien et le mal, ce n'est plus par l'action de Dieu, c'est parce qu'il veut faire le bien ou le mal. Il sait ce qu'il fait puisque sa conscience est là toujours éveillée, — sa conscience, cette parcelle de Dieu qui est la lumière de l'homme. Si Dieu nous a créés dignes de lui c'est en nous donnant la liberté, c'est en nous faisant les arbitres de nos destinées, c'est en nous faisant Dieu nous-mêmes par notre indépendance. Dieu ne pouvait pas plus nous obliger au bien qu'il ne pouvait nous défendre le mal.

Nous soumettre aux épreuves de la vie, c'était élever jusqu'au ciel la dignité de l'homme.

Il n'y a que l'Absolu qui soit absolu. Nous sommes libres mais sans pouvoir dépasser l'empire des choses, nous sommes libres dans un espace limité sous le règne des lois de l'univers et des causes éternelles. Les philosophes du *fatum mahometanum* disent que nous n'avons pas plus de liberté que l'ombre qui suit le corps. Mais de même que la liberté soumise à l'ordre de la création et dans l'harmonie de l'infini, de même le destin réglant toute chose ferait la discordance ; ce serait le chef d'orchestre mettant la main à tous les violons. Il faut à tout concertant sa part d'inspiration, même sur une musique écrite; il faut que tour à tour tous ceux qui ont quelque chose là se fassent solistes et charment les auditeurs.

Tout homme qui regarde en face le bien et le mal ne peut nier le libre arbitre. Nous sommes libres : notre conscience nous enchaîne au bien, mais si notre passion étouffe notre conscience, nous brisons le lien d'or plus fragile que le fil de la Vierge, nous nous précipitons dans le mal avec plus d'emportement que nous n'irions vers le bien. Toutefois, quel que soit notre aveuglement, nous savons toujours où nous allons. Tout est prémédité chez l'homme, même le crime soudain.

La plupart des hommes vont en avant sans vouloir regarder leur chemin et ils accusent la fatalité s'ils tombent dans le précipice. C'est la fatalité de la bêtise : les hommes d'esprit n'y échappent pas.

Dieu n'a pas donné à notre âme une parcelle de sa divinité qui est toute intelligence, toute grandeur, toute bonté, toute justice et toute liberté, pour ne pas nous donner de la liberté. Si nous n'avions pas la liberté, nous ne ferions ni le bien ni le mal, nos vertus seraient emprisonnées aux petites maisons. Pourquoi alors faisons-nous le mal si nous avons en nous le rayon d'intelligence, de grandeur, de bonté et de justice? C'est que si Dieu a donné un corps à notre âme, les passions corporelles ont une action sur les passions idéales.

Shakspeare a dit : « César ne fait rien sans cause. » C'est Dieu qui ne fait rien sans cause, voilà pourquoi il a donné aux hommes la liberté. Selon Épictète, qui n'écrit rien sans raison, « Dieu a créé tous les hommes pour qu'ils soient heureux, ils ne sont malheureux que par leur faute. » Ce mot est aussi d'Épitecte: « Notre bien et notre mal ne sont que dans notre volonté. » Dieu dans sa sagesse ne pouvait nous condamner de gaieté de cœur par les lois du fatalisme à toutes les douleurs qui nous font escorte. Nous sommes libres de franchir ou de ne point franchir le Rubicon. C'est à Dieu que nous nous en prenons dans notre orgueil si nous sommes vaincus dans la bataille de la vie, mais les jours de bonne foi nous reconnaissons le défaut de cuirasse. Les fatalistes disent : Si Dieu ne nous conduit pas lui-même dans la nuit des incertitudes, pourquoi a-t-il mis sur notre chemin la mort toujours aveugle ? C'est que tous, tant que nous sommes, enfants ingrats, nous oublions trop vite la maison paternelle. La mort nous fait repasser par là.

IV

PARADOXES ET VÉRITÉS *

***

Les rêveurs comme Lamartine percent çà et là les nuages, mais on aime mieux les sceptiques comme Mérimée, cueillant l'heure qui passe et niant le lendemain.

Les sceptiques ne croient à rien puisqu'ils ne croient qu'à leur esprit.

Si j'avais raillé l'âme par la philosophie du néant, on m'accorderait toute confiance ; mais on dira que je ne suis qu'un rêveur parce que je me

---

* Ces pensées ou miettes de pensées sont tombées çà et là des pages du livre comme tout ce qui est imprimé dans l'appendice.

suis risqué vers l'inaccessible : l'éclair jaillit des nuées.

On dira aussi que j'ai fait l'éternel roman de ceux qui écrivent l'histoire par ouï-dire.

***

Quand nous voulons fixer la mort la vie nous éblouit.

***

La mort est moins sombre que l'exil puisque la tombe n'est qu'une porte ouverte sur l'autre monde où chacun retrouve sa patrie.

***

Qu'est-ce que prouve la vie? — La mort. — Qu'est-ce que prouve la mort? — La vie.

***

La vie donne la main à l'amour et à la mort. L'amour donne la main à la vie et à la mort. Voilà le triangle ; voilà le cycle.

***

La philosophie est un arbre à cent branches toutes nourries à la même séve, toutes vivant d'air, d'espace et de lumière.

Mais les philosophes ont fait de la philosophie

une forêt de ténèbres où l'on ne se hasarde que
dans les clairières, sous les arbres ébranchés, ce
qui a fait dire à Molière que c'était le pays des
fagots.

*
* *

O grand docteur de la science qui niez la force
de l'âme, dites-moi pourquoi une douleur morale
a sur mon sang une action mille fois plus vive
qu'une douleur physique. Vous dites que le sang
c'est le flux et le reflux de la vie humaine ; mais
le sang obéit à l'âme comme la mer obéit à l'harmonie universelle. Vous me répliquez : — Et les
coups de sang ! — C'est que l'âme a ses som-
meils. Elle est toute lumière, mais elle subit les
nuées. — Condamnée à cette épreuve de la terre
il lui faut bien, bon gré mal gré, cheminer avec
le corps son compagnon de voyage. Elle a beau
le conduire, cet aveugle trébuche et tombe dans
l'éternité, un jour de distraction.

*
* *

L'athéisme est l'horizon des mauvaises consciences.

*
* *

D'où suis-je ? Où vais-je ? C'est le point d'interrogation que pose l'humanité devant Dieu. Et

Dieu ne répond pas. Et les philosophes disent que Dieu n'y est pas.

*_**

L'homme n'imagine que ce qui est. Le pressentiment est une des visions de la vérité. Puisque nous parlons de notre âme, c'est qu'elle existe. Puisque nous voyons un « autre monde, » c'est que nous y trouverons l'hospitalité.

*_**

C'est le sentiment de la misère humaine qui a créé l'athéisme. Quand l'homme se voit sans l'idée de Dieu, il se voit si dénué, qu'il ne croit pas à l'œuvre de Dieu. C'est le sentiment de la grandeur humaine qui a révélé Dieu. Tout grand esprit a regardé Dieu en soi.

L'athéisme qui envahit les écoles achèvera de tuer le sentiment de l'art dans ses manifestations grandioses ; il n'y aura plus que des peintres de paysages, des peintres de portraits et des peintres de genre. Ce qui a fait la force des Grecs, c'est qu'ils reconnaissaient Dieu partout, c'est qu'ils divinisaient toutes choses, c'est qu'ils se sentaient possédés de l'esprit surhumain : un Grec athée n'a jamais souillé le portique.

Les naturalistes proclament la Science comme

le Maître suprême; le Maître suprême, Raphaël l'a dit, c'est le sixième sens, c'est le *mens divinior*, c'est la poésie qui voit mieux parce qu'elle a les yeux du corps et les yeux de l'âme. Un artiste aura beau étudier l'anatomie, il ne trouvera pas la nature plus vraie dans ses mouvements, dans ses attitudes, dans ses expressions, que Phidias et Apelles, qui n'avaient jamais étudié à l'amphithéâtre.

Croyez à tous les Dieux, comme Phidias, ou croyez à un seul Dieu, comme Léonard de Vinci; mais si vous voulez traduire par la palette ou par le ciseau la splendeur du vrai, ne commencez pas par nier votre âme.

*
* *

Ce qui a fait la grandeur d'une période en fait bientôt la ruine. L'histoire du genre humain n'est qu'une oraison funèbre des hommes et des choses, mais non des âmes.

*
* *

Le Monde se renouvelle comme la nature, il a ses jours de séve comme il a ses jours de déchéance. Les grandes époques sont faites par les grands hommes. C'est le miracle de Dieu. Toute la volonté humaine échouerait pour créer

une intelligence. Prométhée a montré le néant
de la grandeur de l'homme. Nous obéissons
aux lois de l'infini sans comprendre l'infini. Bien
plus, nous travaillons à la trame de la vie universelle, sans mieux voir la vie que les ouvriers
des Gobelins qui font la tapisserie à l'envers ne
voient l'œuvre du maître.

*
* *

Ce qui doit réconforter les spiritualistes atta-
qués par le doute, c'est la foi en Dieu et en l'âme
immortelle de presque tous les esprits supérieurs
qui se sont passés de main en main la lumière de
l'intelligence. Quel est le poëte qui n'a pas cru aux
dieux, dans toutes les nations de la terre ? Parmi
les philosophes, combien peu se sont obstinés
dans l'athéisme! Aujourd'hui encore qui opposerez-
vous à Lamartine et à Hugo ? Nos philosophes ;
mais c'est le néant de la philosophie que cette
philosophie du néant qui sert de piédestal, à quelques commentateurs d'Épicure et de Lucrèce.
Nos philosophes matérialistes n'auront même pas
le génie de marquer leur nom dans l'histoire,
pour avoir revêtu l'habit d'Arlequin. Les naïfs
qui se laissent prendre au charlatanisme des
théories contemporaines posent un point d'admi-

ration devant la philosophie allemande, sans reconnaître que c'est tout bêtement la philosophie française du xviiie siècle, quand Voltaire, La Mettrie et les autres formaient la cour de Frédéric le Grand. C'est la même philosophie dépouillée de l'esprit de Voltaire et habillée de néologismes par les docteurs d'athéisme et par les assembleurs de nuages d'outre-Rhin.

C'est vainement d'ailleurs que les philosophes de l'une et l'autre secte de Buchner à Caro, les spiritualistes comme les matérialistes ont voulu spiritualiser ou matérialiser l'âme. Ils en sont encore à chercher leurs preuves. Ils ne les trouveront jamais. On ne prouve pas mieux l'immortalité de l'âme par son « immatérialité » qu'on ne prouve la mortalité du corps en ouvrant le tombeau, puisque rien ne périt. Par leur raisonnement toutefois les spiritualistes touchent à la vérité en disant aux matérialistes : Puisque vous prouvez que la matière est immortelle et que le néant n'existe pas, pourquoi n'admettez-vous pas que l'esprit qui est le feu, la lumière, l'âme de la vie n'ait pas aussi son immortalité ?

Gassendi a dit : « En cherchant l'âme nous ressemblons à un aveugle qui, cherchant la chaleur du soleil, croirait avoir une idée distincte de cet astre, parce que si on lui demandait ce que c'est que le soleil, il pourrait répondre : C'est une chose qui brûle. »

Mais l'homme n'est pas aveugle ; il a les yeux de l'âme comme il a les yeux du corps ; et si le corps peut monter à l'observatoire pour regarder le soleil en face, l'âme finit par vaincre ses éblouissements en fixant Dieu dans son œuvre.

***

Comment la mort serait-elle la fin de tout puisque la vie n'est qu'un commencement* ?

L'âme est-elle créée avant nous ? Le jour où « Dieu souffla au visage de l'homme une âme vivante, » il a fait de tout homme un dieu pour créer d'autres hommes.

---

* L'éternelle énigme c'est le commencement et la fin.

On reconnaît les sources de la vie dans l'ovule femelle comme dans l'ovule mâle, mais on ne peut pas admettre qu'il y ait une âme de chaque côté. Le spermatozoaire donnant de la tête pour ouvrir la porte de son premier berceau, n'est doué que des forces vives de la nature, mais dans la fusion et la transfusion, il y a par contre-coup le miracle de l'amour. Puisque l'amour est l'âme de Dieu, l'homme et la femme, après avoir donné la vie par la conjonction naturelle, donnent l'âme par la conjonction supernaturelle, dirait Montaigne.

Et la fin ? La mort n'a d'action que sur l'œuvre de la nature ; elle ne peut rien contre l'âme, œuvre de Dieu. Le tombeau ne prend pas la lumière.

L'âme apporte des idées en nous, parce que Dieu l'a armée de toutes pièces ; c'est elle qui donne la lumière au corps, comme le feu de l'âtre donne la lumière à la maison.

L'essence de l'âme est de vivre dans l'éternité sans l'intervention de Dieu, parce que la parcelle divine qui est en elle, dispense Dieu de toute retouche. Dieu fait et ne refait pas.

*
* *

La nature, cette grande inassouvie qui ne crée que pour dévorer, qui n'enfante que pour étreindre, me semble le chef-d'œuvre des contradictions quand je la vois sans Dieu.

Les docteurs qui reconnaissent en la nature sans Dieu l'intelligence et l'action, qui ne la font vivre que par la soif de vivre, pourraient-ils me dire en quoi l'homme obéit aveuglément aux fins de cette grande despote quand il sculpte le marbre, quand il joue du violon, quand il écrit un poëme ?

*
* *

Admirable logique de l'homme ! c'est avec son âme qu'il nie son âme. C'est par la mort qu'il nie la vie. C'est par la nature qu'il nie Dieu.

Quand un philosophe matérialiste dompte ses passions, est-ce avec sa main ? C'est avec cette âme qu'il nie mais qui travaille dans son aveuglement.

*
* *

Puisque Dieu, l'âme des âmes, est l'âme de tout, pourquoi ne voulez-vous pas qu'il soit dans l'Église ? L'Église n'est-elle pas le musée de toutes les merveilles ? Si elle parle à mon cœur, ne réjouit-elle pas mes yeux ?

La France a bâti cent mille églises où elle a toujours marqué le pouce de l'artiste, même dans les chapelles rustiques. En effet, tous les arts ont resplendi devant l'idée de Dieu ; l'architecture et la sculpture ont fait parler les pierres ; la peinture a réalisé les visions des grandes âmes, dans les fresques, dans les cadres, dans les vitraux. La musique a trouvé dans les sanctuaires ses plus hautes inspirations. L'Église a donc été depuis son origine l'école de Dieu, l'école du Beau, l'école de l'Homme.

*
* *

Si le tombeau a la majesté du mystère, c'est que le tombeau ne renferme pas le néant. La nuit du tombeau a son aurore.

*
* *

La vie est un naufrage, mais le navire est sauvé parce que l'ancre est jetée dans le ciel.

*
* *

On salue le mort qui passe comme un voyageur qui part en avant.

*
* *

Il y a de toutes les bêtes dans l'homme, il n'y a rien de l'homme dans les bêtes.

*
* *

L'âme a trop la marque divine pour n'avoir que des destinées humaines.

*
* *

Le livre, quelque mauvais qu'il soit, est toujours pour le lecteur le coup de l'étrier. Voilà pourquoi j'ai écrit ce volume qui fera voyager les esprits les plus rebelles vers les mondes entrevus.

TABLE

FIN DE LA TABLE.

ACHEVÉ D'IMPRIMER

le 13 mars 1879

PAR D. BARDIN, A SAINT-GERMAIN